Zéro limite

JOE VITALE
IHALEAKALA HEW LEN

Zéro limite

Le programme secret hawaïen pour l'abondance, la santé, la paix et plus encore

Traduction de l'anglais par Sylvie Ouellet

Bienêtre

*Collection dirigée
par Ahmed Djouder*

Titre original :
ZERO LIMITS

Éditeur original :
John Wiley & Sons, 2007

© 2007 Hypnotic Marketing and Dr. Ihaleakala Hew Len

Pour la traduction française :
© 2008 Les Éditions Le Dauphin Blanc

À Morrnah et Ka'i
Dr Hew LEN

À Mark Ryan et Nerissa
Dr VITALE

Ho'oponopono est un cadeau d'une valeur inestimable qui permet, en premier lieu, de développer une relation privilégiée avec notre Divinité intérieure pour ensuite être en mesure de demander à cette Divinité intérieure de nous apprendre à purifier nos erreurs de pensée, de parole et de geste, et nos actions en tout temps. Voilà le processus de la liberté qui couronne toute la libération du passé.

Morrnah NALAMAKU SIMEONA
Maître Ho'oponopono et
créatrice du programme *Self I-Dentity Ho'oponopono*[1]
désigné comme un trésor vivant
dans la constitution d'Hawaï de 1993
par la mission Hongwanji d'Honolulu
et par la législature de l'État d'Hawaï

---

1. Ici, j'ai préféré laisser le titre original du programme pour ne pas en dénaturer le sens. Toutefois, dans le texte, afin de faciliter la lecture et la compréhension, on le retrouvera sous l'appellation *programme d'Identité de Soi Ho'oponopono*. (*N.d.T.*)

Remerciements

Deux personnes méritent des remerciements particuliers pour ce livre : Mark Ryan, mon plus estimable ami, est le premier à m'avoir parlé de l'histoire d'un étonnant thérapeute, dont il sera question dans ce livre, et le Dr Ihaleakala Hew Len, ce thérapeute étonnant qui est devenu mon second plus précieux ami. Nerissa, mon amour, est d'un appui capital comme partenaire de vie. Matt Holt et mes chers amis chez John Wiley & Sons sont de merveilleuses personnes à fréquenter. Il est si agréable de travailler avec elles. Suzanne Burns est une adjointe et une publicitaire hors pair et elle a été d'une aide précieuse dans la correction des premières épreuves de ce manuscrit. Mon groupe de travail m'a soutenu dans ce projet, incluant Jillian Coleman-Wheeler, Cindy Cashman, Craig Perrine, Pat O'Bryan, Bill Hibbler et Nerissa Oden. Les premiers lecteurs de ce livre m'ont aidé à le structurer et à le perfectionner, incluant Mark Weisser et Mark Ryan. Je veux également remercier le Divin de m'avoir guidé dans toutes les étapes de rédaction de cet ouvrage. Je serai éternellement reconnaissant envers vous tous.

Table des matières

Préface : *Où la paix commence-t-elle ?*
(Dr Ihaleakala Hew Len).................................... 13
Introduction : *Le secret de l'Univers*
(Dr Joe Vitale).. 15
L'aventure commence.. 25
À la recherche du plus étonnant thérapeute
au monde 35
Notre première conversation 45
La bouleversante vérité au sujet des intentions .. 51
Quelles exceptions ? 65
Je t'aime.. 79
Un repas avec le Divin.. 97
La preuve... 109
Comment obtenir des résultats plus rapidement ? 157
Comment obtenir une plus grande richesse ? 167
Les esprits sceptiques désirent savoir 183
Un choix est une limitation 195
Cigares, hamburgers et le meurtre du Divin 215
La vérité derrière l'histoire 231
Épilogue : *Les trois stades de l'éveil*....................... 243
Appendice A : *Les principes de base
de Zéro limite* 251
Appendice B : *Comment se guérir ou guérir l'autre
et découvrir la santé, la richesse et la joie*............ 255

Appendice C : *Qui est responsable ?*	257
Au sujet des auteurs	277
Comment expérimenter Zéro limite dès maintenant	279
Bibliographie	281
Ressources en ligne	287

Préface

Où la paix commence-t-elle ?

Cette chère Morrnah Nalamaku Simeona, créatrice du programme Identité de soi Ho'oponopono et première à l'enseigner, avait sur son bureau une affiche qui se lisait comme suit : *La paix commence avec moi.*

J'ai remarqué que la paix sous-tendait tous les apprentissages que j'ai vécus dans le travail ou dans les voyages que j'ai effectués avec elle à partir de 1982 jusqu'au jour fatidique de février 1992 passé à Kirchheim en Allemagne. Malgré le chaos qui subsistait autour de son corps étendu sans vie sur un lit, elle dégageait le calme déconcertant qui se cache derrière toutes les compréhensions.

Je me sens réellement honoré d'avoir reçu de Morrnah une formation qui a débuté en novembre 1982 et d'avoir pu être en sa présence durant une décennie. Depuis, j'ai appliqué le programme Identité de Soi Ho'oponopono. Grâce à l'aide de mon ami docteur Joe Vitale, ce message pourra maintenant être diffusé dans le monde entier. J'en suis très heureux.

Cependant, la vérité est que ce message n'a qu'à vous atteindre, vous, à travers moi, puisque nous sommes tous un et que tout se passe à l'intérieur.

Paix de soi
Ihaleakala Hew Len, Ph. D.
Président
The Foundation of I – Freedom of the Cosmos[1]
www.hooponopono.org   www.businessbyyou.com

---

1. Liberté du cosmos (traduction libre-Fondation du « moi » inc.). (*N.d.T.*)

Introduction

Le secret de l'Univers

En 2006, j'ai écrit un article intitulé « Le thérapeute le plus étonnant du monde ». Il s'agissait d'un psychologue qui avait aidé à guérir une aile entière de criminels malades mentalement, et ce, sans jamais les avoir suivis ni même rencontrés comme patients. Ce psychologue utilisait une méthode exceptionnelle venant d'Hawaï. En 2004, je n'avais jamais entendu parler de lui ou de sa fameuse méthode. J'ai cherché ce thérapeute pendant deux ans avant de le trouver enfin. J'ai pu apprendre cette méthode pour ensuite rédiger mon article.

Cet article a eu un effet monstre sur Internet. Il fut envoyé à toutes sortes de personnes faisant partie d'une immense liste de courriels. Les destinataires de ma liste personnelle (www.mrfire.com) l'ont adoré et l'ont fait circuler auprès de dix mille autres personnes qui l'ont, à leur tour, adressé à leur famille et à leurs amis. J'estime qu'il y a au moins cinq millions de personnes qui ont vu cet article.

Tous ceux qui l'ont lu ont eu de la difficulté à croire en la véracité de ses faits. Certains ont été inspirés.

D'autres ont été sceptiques. Toutefois, tous voulaient en savoir davantage. Ce présent livre est donc le résultat des désirs de ces gens et de ma propre quête.

Même si vous connaissez bien les cinq étapes de mon précédent livre, *Le Facteur d'attraction*, il est possible que vous ne compreniez pas les incroyables subtilités (perspectives) que je m'apprête à vous révéler ici, du moins à première vue. Le simple processus que je vais partager dans ce livre permet d'expliquer pourquoi je suis en mesure de manifester plusieurs immenses projets sans même avoir tenté de les créer. En voici quelques exemples :

- Après dix ans de démarches auprès de Nightingale Conant, le programme audio *The Power of Outrageous Marketing*[1] que j'ai créé a finalement été produit quand j'ai cessé de cogner à la porte de ce producteur.
- Comment je suis passé de sans-abri à la pauvreté, puis d'écrivain qui tire le diable par la queue à écrivain enfin publié pour devenir auteur de best-sellers et gourou du marketing Internet.
- Mon désir d'attirer à moi une BMW Z3 m'a conduit à concevoir une idée novatrice de marketing Internet qui m'a rapporté la jolie somme de 22 550 $ en une journée et un quart de million ou plus en une année.
- Alors que j'étais complètement sans le sou et au bord du divorce, mon désir de déménager dans les collines du Texas m'a poussé à mettre sur pied une nouvelle entreprise qui m'a rapporté 50 000 $ en une seule journée.
- C'est après avoir lancé la serviette que j'ai enfin trouvé un moyen de perdre plus de 36 kg.

---

1. *Le pouvoir du marketing excessif* (traduction libre). (*N.d.T.*)

- Je souhaitais au plus profond de moi être un auteur à succès *numéro un*. Cela m'a conduit à écrire un best-seller sans même avoir planifié un tel exploit.
- Ma participation au film *Le Secret* est arrivée sans mendicité et supplication, sans la prévoir ni même l'orchestrer.
- Je n'ai d'ailleurs jamais eu l'intention de participer à l'émission de Larry King, en novembre 2006, ni à celle de mars 2007.
- Au moment d'écrire ces lignes, de gros bonnets d'Hollywood discutent de la possibilité d'adapter mon livre *Le Facteur d'attraction* dans une version cinématographique, alors que d'autres négocient une émission de télévision pour moi.

La liste pourrait encore s'allonger, mais vous comprenez maintenant l'idée de base. J'ai vécu de nombreux miracles dans ma vie.

Mais pourquoi se produisent-ils ?

J'ai déjà été un sans-abri. Aujourd'hui, je suis un auteur à succès, une célébrité d'Internet et un multimillionnaire.

Qu'est-ce qui s'est passé dans ma vie pour que j'en arrive à goûter à un tel succès ?

Bien sûr ! J'emprunte la voie de mes rêves.

Je passe à l'action !

Évidemment, je suis persévérant.

Cependant, de nombreuses personnes font exactement la même chose que moi et elles n'obtiennent pas tout ce succès !

Qu'est-ce qui est différent ?

Si vous regardez la liste de mes réalisations avec un œil critique, vous remarquerez qu'aucune d'elles n'a été créée directement par moi. En fait, ce qu'elles ont en commun, c'est qu'elles ont toutes été planifiées par l'esprit du Divin avec une participation involontaire de ma part.

Laissez-moi vous expliquer cela d'une autre façon. Vers la fin de l'année 2006, j'animais un séminaire intitulé *Beyond Manifestation*[1] – www.BeyondManifestation.com – qui est très fortement influencé par les enseignements que j'ai reçus après avoir découvert le mystérieux thérapeute hawaïen et sa méthode. Au cours de cette formation, j'ai demandé à tous les participants d'énumérer toutes les manières qu'ils connaissaient pour manifester ou attirer quelque chose dans leur vie. Ils m'ont répondu des choses telles que les affirmations, les visualisations, les intentions, les méthodes de conscience du corps ou encore celles relatives au ressenti du résultat final, l'écriture, la technique de libération des émotions[2], le tapotement et plusieurs autres. Une fois que tous les participants du groupe ont eu inventorié chacune des manières possibles de créer leur propre réalité, je leur ai demandé si ces méthodes étaient infaillibles et s'ils pouvaient affirmer qu'elles fonctionnaient à tout coup.

Tous étaient d'accord pour dire que ces méthodes n'étaient pas efficaces en tout temps.

« Bien, pouvez-vous me dire pourquoi ? » me suis-je exclamé.

Évidemment, personne n'a pu me fournir une explication.

J'ai ensuite étonné le groupe avec mes observations :

Toutes ces méthodes ont leurs limites, leur ai-je déclaré. Elles sont des jouets avec lesquels votre esprit joue pour vous faire croire que vous êtes le grand responsable de tout cela. La vérité est que vous n'êtes

---

1. *Au-delà de la manifestation* (traduction libre). (*N.d.T.*)
2. Mieux connue sous le nom de Emotional Freedom Technic – EFT.

absolument pas responsable et que le vrai miracle se produit quand vous arrivez à lâcher prise sur les jouets qui sont à votre disposition et que vous misez sur la foi à l'intérieur de vous, là où il y a zéro limite.

Je leur ai ensuite dit que l'endroit où ils voulaient tous être dans la vie est au-delà de tous ces jouets, au-delà du bavardage de leur mental, là où précisément il y a ce que nous appelons le Divin. J'ai poursuivi mes explications en mentionnant qu'il y a au moins trois niveaux de conscience dans la vie : se considérer comme une victime, puis, réaliser que l'on est le créateur de sa vie pour ensuite, – si on est chanceux – devenir un serviteur du Divin. Dans la dernière étape, qui sera développée plus loin à la fin du livre, d'étonnants miracles se produisent – pratiquement sans rien faire.

Plus tôt, aujourd'hui, j'ai demandé l'avis à un expert en *coaching* au sujet de l'abonnement à mon programme *Hypnotic Gold*[1] (voir à ce sujet www.HypnoticGold.com). Ce dernier a écrit une bonne douzaine de livres qui se sont vendus à des millions d'exemplaires. Il sait pertinemment comment atteindre ses objectifs. La philosophie à la base de ses enseignements repose sur l'idée d'un désir puissant d'accomplir quelque chose. Toutefois, il s'agit d'une stratégie incomplète. Je lui ai demandé ce qu'il pouvait suggérer à une personne incapable de trouver une motivation pour atteindre un objectif et je l'ai laissé répondre.

Il a commencé en disant : « Si je savais, je serais en mesure de résoudre la plupart des problèmes dans le monde. »

Il a continué à dire qu'il faut être affamé pour atteindre un objectif. Si vous n'êtes pas affamé, vous

---

1. *Hypnotic Gold Program* pourrait se traduire par *Le fabuleux programme d'or*. (*N.d.T.*)

n'aurez pas la discipline nécessaire pour maintenir le cap sur cet objectif et la force de le dépasser.

« Mais, qu'est-ce qui arrive quand on n'est pas suffisamment affamé ? ai-je demandé.

— Alors, on ne peut pas y arriver.

— Comment peut-on se motiver ou devenir affamé ? »

Il n'a jamais pu répondre.

Et c'est là que la théorie ne tient plus. Il y a une faille dans tous les programmes d'atteinte d'objectifs et de motivation. Ils soutiennent tous que si quelqu'un n'est pas prêt à obtenir quelque chose, il ne pourra maintenir l'énergie inhérente à sa création. Cette personne va abandonner. Il nous est tous arrivé de prendre des résolutions le 1er janvier et de les oublier le jour suivant. Les bonnes intentions étaient là. Mais quelque chose de plus profond n'était pas aligné sur les désirs conscients.

Alors, comment peut-on nourrir cet état profond qui n'est pas affamé ?

Voilà pourquoi le programme hawaïen proposé dans ce livre arrive à point. Il aide à nettoyer l'inconscient où résident les blocages. Il permet de dissoudre les conditionnements cachés qui vous éloignent de vos désirs tels que la santé, la richesse, la joie ou tout autre désir. Tout cela se produit à l'intérieur de vous.

Je vais expliquer tout cela dans le livre que vous tenez actuellement dans vos mains. Pour l'instant, voici une citation du livre de Tor Norretranders[1] qui résume bien l'essence des montagnes russes mentales dans lesquelles vous êtes sur le point de monter :
L'Univers débute quand le vide se reflète dans le miroir.

Juste le vide.

---

1. T. NORRETRANDERS, *The User Illusion : Cutting Consciousness Down to Size*, New York, Penguin, 1998.

Un jour, cependant, le vide se voit dans le miroir et vous naissez. Dès lors, vous créez et, inconsciemment, vous vous imprégnez des programmes, des mémoires, des pensées, des mots, des engagements et les acceptez. La majeure partie de ces programmes remonte à la création de l'existence elle-même.

Le but de ce livre est de vous aider à expérimenter l'état d'émerveillement à chaque instant de votre vie. Dans cet état, des miracles semblables à ceux que j'ai précédemment énumérés vont également vous arriver. Vous les trouverez uniques. Et ils seront tout simplement merveilleux, magiques et miraculeux.

Il m'est pratiquement impossible de décrire mon expérience de propulsion spirituelle qui m'a permis d'accéder au pouvoir au-delà de la compréhension. Grâce à cette compréhension, j'ai obtenu bien plus que ce à quoi j'avais rêvé. Je possède maintenant de nouvelles habiletés et mon amour pour moi et pour le monde a atteint un niveau que les mots, même les plus signifiants, ne parviennent pas à décrire correctement. Depuis, j'arrive à vivre presque tout le temps dans un état d'étonnement.

Laissez-moi vous décrire cela ainsi : chacun de nous voit le monde à travers une lentille. Les membres des religions, les philosophes, les thérapeutes, les auteurs, les conférenciers, les gourous et les maîtres à penser perçoivent le monde à travers leur propre façon de penser. Dans ce livre, vous apprendrez à utiliser une nouvelle lentille qui remplacera toutes les autres. Une fois que vous aurez réussi à voir à travers elle, vous aurez atteint l'endroit appelé zéro limite.

Je vous prie de prendre conscience que vous tenez entre vos mains le tout premier livre qui révèle la mise à jour de la méthode hawaïenne de guérison appelée Identité de Soi Ho'oponopono. Il m'importe également de vous dire que tous les propos que vous lirez sont basés sur l'expérience d'un seul homme : moi. Tout ce qui suivra est évidemment écrit à travers ma propre lentille du monde, bien que tout le processus d'écriture ait reçu l'entière bénédiction du thérapeute qui m'a enseigné cette étonnante méthode. Pour comprendre parfaitement la méthode Self I-Dentity Ho'oponopono, il est important de suivre la fin de semaine de formation et de l'expérimenter par vous-même. Les dates des formations sont disponibles sur le site www.hooponopono.org ou sur le site www.zerolimits.info.

En conclusion, l'essence même de ce livre est contenue dans une seule phrase – une phrase que vous apprendrez à utiliser ; une phrase qui révèle l'ultime secret de l'Univers ; une phrase que j'ai envie de vous offrir et d'offrir au Divin dès maintenant :

« Je t'aime. »

Billet en main, prenez place. Le voyage vers votre âme s'amorce.

Accrochez-vous bien !

Je t'aime
Aloha no wau ia oe
Dr Joe VITALE
(Ao Akua)
Austin, Texas
www.mrfire.com

L'Univers débute quand le vide se reflète dans le miroir.
Tor NORRETRANDERS

L'aventure commence

Que la paix soit avec vous dans toute ma paix.
O ka Maluhia no me, oe Ku'u Maluhia a pau loa.

En août 2004, j'assistais au Congrès annuel de l'Association des hypnothérapeutes où j'ai présenté des conférences. J'ai beaucoup aimé les gens qui s'y trouvaient, l'énergie et les échanges que nous avons eus. Toutefois, je ne m'attendais pas du tout à vivre l'événement marquant qui allait s'y produire ce jour-là. Tout comme moi, mon ami, Mark Ryan, est hypnothérapeute. C'est une personne très ouverte, curieuse, communicative et surtout très profonde lorsqu'il s'agit d'évoquer la vie et ses mystères. Il nous arrive souvent de nous entretenir de tout cela des heures durant. Nous discutons de nos thérapeutes préférés, de Milton Erickson à des shamans moins connus. Voilà que durant l'une de nos conversations, Mark m'a totalement étonné en me demandant :

« As-tu déjà entendu parler d'un thérapeute qui a guéri des gens sans jamais les avoir rencontrés ? »

Cette question m'a figé. On m'avait déjà parlé de guérisseurs psychiques ou de guérisseurs à distance, mais cette fois Mark suggérait quelque chose de différent.

« Il s'agit d'un psychologue qui a guéri une aile entière d'un asile où étaient enfermés de dangereux criminels, sans avoir vu aucun d'entre eux.

— Qu'est-ce qu'il a fait ?

— Il a utilisé une méthode de guérison hawaïenne appelée Ho'oponopono.

— Ho'oh quoi ? » me suis-je alors exclamé.

J'ai demandé à Mark de me répéter ce terme au moins une douzaine de fois. Je ne l'avais jamais entendu auparavant. Mark ne connaissait pas suffisamment cette histoire ou le procédé utilisé pour m'en dire davantage. J'étais à la fois curieux et sceptique. Je me suis tout de suite imaginé qu'il devait être question d'une légende urbaine. Guérir les gens sans les voir ? Ouais ! bien sûr !

Ensuite, Mark m'a raconté les événements suivants :

« Il y a environ seize ans, alors que j'étais dans une quête intérieure, je me suis rendu au mont Shasta en Californie, commença-t-il par dire. Un ami m'a alors donné un livret qui resta à jamais gravé dans ma mémoire. Il était fait de papier blanc avec des inscriptions à l'encre bleue. Il s'agissait d'un article au sujet de ce thérapeute hawaïen et de sa méthode. Des années durant, j'ai lu et relu ce livret. Il ne mentionnait aucun détail au sujet de la méthode employée par le thérapeute, mais il faisait référence aux guérisons effectuées grâce à cette méthode.

— Où est cet article maintenant ? lui demandai-je. J'aimerais le lire.

— Je n'arrive plus à le retracer. Mais quelque chose m'a poussé à t'en parler, ajouta-t-il. Je sais que tu ne me crois pas, mais je suis tout aussi fasciné que toi par le sujet. J'aimerais bien en apprendre davantage moi aussi. »

Une année s'est écoulée avant que ne se déroule le congrès suivant. Entre-temps, j'ai fouillé sur Internet, mais je n'ai rien trouvé qui vaille au sujet d'un thérapeute qui guérissait les gens sans les voir. Évidemment, il y avait de l'information à propos de la guérison à distance, mais je savais très bien que ce n'était pas cette technique qu'utilisait le thérapeute hawaïen. Comme j'allais l'apprendre bien plus tard, dans sa méthode, il n'y a pas du tout de distance dans le type de guérison qu'il effectuait. Au-delà de tout cela, je ne savais même pas comment écrire Ho'oponopono pour obtenir des informations sur Internet. J'ai donc tout abandonné.

Ainsi, en 2005, lors du congrès annuel d'hypnose suivant, Mark m'a de nouveau parlé du fameux thérapeute.

« As-tu trouvé quelque chose à son sujet ? m'a-t-il demandé.

— Je ne sais même pas son nom ni comment orthographier le nom de sa méthode, lui expliquai-je. Je n'ai donc rien trouvé du tout. »

Mark est un homme d'action. Nous avons tout de suite pris une pause ; j'ai branché mon ordinateur portable et nous avons commencé les recherches. Il ne nous a fallu que quelques minutes pour tomber sur le site officiel d'Ho'oponopono : www.hooponopono.org. J'y ai fureté un peu, puis j'ai collecté quelques articles intéressants. Ces derniers m'ont donné un aperçu de ce que j'étais sur le point de découvrir.

D'abord, j'ai trouvé une définition du terme *Ho'oponopono*, un « processus qui permet d'évacuer les énergies toxiques en laissant toute la place aux pensées, aux mots, aux actes du Divin ».

Comme je n'avais aucune idée de la signification de cette définition, j'ai continué mes recherches. Voilà ce que j'ai vu :

« Dans son application, *Ho'oponopono* signifie "corriger une erreur". Selon les anciens Hawaïens, l'erreur vient des pensées qui sont teintées de douloureuses mémoires du passé. Ho'oponopono offre une manière de libérer l'énergie de ces pensées douloureuses, aussi appelées erreurs, qui causent des déséquilibres et des désordres. »

Voilà qui était très intéressant, mais qu'est-ce que tout cela pouvait bien signifier ?

Poursuivant mon exploration du site à la recherche d'informations sur le mystérieux psychologue qui guérissait les gens sans les rencontrer, j'ai remarqué qu'il y avait une mise à jour de la méthode Ho'oponopono appelée *Self I-Dentity through Ho'oponopono* (SITH)[1].

Il m'aurait été fort difficile de prétendre comprendre le sens de tout cela. Pour Mark aussi, d'ailleurs. Nous étions des camarades explorateurs. Notre ordinateur était la monture que nous chevauchions dans cette nouvelle contrée sauvage. Nous étions en quête de réponses. Nos doigts tapaient passionnément sur le clavier.

Puis un autre article nous apportant quelques explications a attiré notre attention :

Identité de Soi par la méthode Ho'oponopono (ISMH)
Être cent pour cent responsable des problèmes de mes clients
Par Ihaleakala Hew Len, Ph. D., et Charles Brown, LMT

Dans l'approche traditionnelle de résolution de problèmes et de guérison, le thérapeute amorce son travail avec la croyance que la source du problème est enfouie à l'intérieur de son client et non pas à l'intérieur de lui-même. Il croit que sa propre responsabilité se limite à accompagner son client durant la résolution de son

---

1. Identité de Soi par la méthode Ho'oponopono (ISMH). (*N.d.T.*)

problème. Cette croyance pourrait-elle être à l'origine de l'épuisement professionnel chez l'ensemble des guérisseurs ?

Pour être une part importante de la solution, le thérapeute doit vouloir être cent pour cent responsable de la création de cette situation problématique ; qui plus est, il doit également être prêt à voir que la source du problème est une pensée erronée qui existe en lui et à l'intérieur de son client. Étrangement, le thérapeute ne semble jamais remarquer que chaque fois qu'il y a un problème, il est présent.

Réaliser qu'il est cent pour cent responsable du problème permet au thérapeute d'être cent pour cent responsable de la solution. En utilisant la mise à jour de l'approche Ho'oponopono qui est un processus de repentir, de pardon et de transmutation développé par Kahuna Lapa au Morrnah Nalamaku Simeona, un thérapeute est en mesure de transmuter les pensées erronées qui existent en lui et à l'intérieur de ses clients par des pensées parfaites d'AMOUR.

> Ses yeux étaient remplis de larmes. De profondes rides marquaient les extrémités de ses lèvres : « Je m'inquiète au sujet de mon fils, soupire doucement Cynthia. Il a recommencé à consommer de la drogue. » Alors qu'elle racontait les événements douloureux qu'elle vivait, j'ai commencé à nettoyer les pensées erronées en moi comme si son problème était le mien.

Puisque les pensées erronées sont remplacées par des pensées d'AMOUR chez le thérapeute, chez sa famille, son entourage et ses ancêtres, elles sont également remplacées chez le client, sa famille, son entourage et ses ancêtres. La méthode Ho'oponopono permet au thérapeute d'agir directement avec la Source originelle pour transmuter les pensées erronées en AMOUR.

> Ses yeux se sont asséchés. Les rides autour de sa bouche se sont adoucies. Elle s'est mise à sourire, illuminant ainsi son visage. « Je ne sais pas pourquoi, mais je me sens mieux », dit-elle. Moi non plus, je ne savais

pas pourquoi. Vraiment ! La vie est un véritable mystère sauf pour l'amour qui sait tout. Je me suis seulement abandonné à ce qui m'était offert, j'ai remercié l'amour qui nous procure ce flot de bénédiction.

En utilisant la mise à jour de la méthode Ho'oponopono dans la résolution de problèmes, le thérapeute prend contact en premier avec son identité, avec son esprit, et ainsi il peut se brancher à la Source originelle, ce que les autres appellent l'amour ou Dieu. Une fois cette connexion en place, le thérapeute peut ensuite demander à l'amour de corriger les pensées erronées en lui, ce qui lui permet de s'approprier le problème d'abord pour lui-même et ensuite pour son client. La demande est un processus de repentir et de pardon de la part du thérapeute : « Je suis désolé pour les pensées erronées en moi qui ont causé le problème pour moi et pour mon client ; s'il vous plaît, pardonnez-moi. »

En réponse à la demande de repentir et de pardon du thérapeute, l'amour commence le mystique processus de transmutation des pensées erronées. En premier lieu, dans ce processus spirituel de transformation, l'amour neutralise les émotions qui ont causé le problème – que ce soit du ressentiment, de la peur, de la colère, des accusations ou de la confusion. Ensuite, l'amour libère les énergies des pensées ainsi neutralisées, les laissant dans un état dénudé, de vide, de liberté totale.

Après quoi, l'amour peut emplir ces pensées vides et libérées de lui-même, c'est-à-dire d'amour. Le thérapeute est renouvelé et restauré en amour. De ce fait, le client le devient automatiquement, ainsi que tout ce qui est inhérent au problème. L'amour remplace désormais le désespoir enfoui au sein du client. La lumière de l'amour remplace maintenant la noirceur qui existait dans son âme.

La formation Identité de Soi par la méthode Ho'oponopono enseigne aux gens qui ils sont et comment ils peuvent résoudre leurs problèmes à chaque instant de leur vie afin de se renouveler et de se restaurer constamment grâce à l'amour. Cette formation débute par une période libre de lecture d'une durée de deux heures. Les participants résument ensuite comment les pensées intérieures se matérialisent en difficultés d'ordre spirituel, émotionnel, physique, relationnel et financier dans leur vie et dans la vie de leur famille, leurs proches, leurs ancêtres, leurs amis, leurs voisins et leurs associés. Durant cette fin de semaine de formation, on apprend aux étudiants ce qu'est un problème, où se situent les problèmes, comment résoudre différentes sortes en utilisant plus de vingt-cinq méthodes de résolution de problèmes et, enfin, on enseigne aux élèves à bien prendre soin d'eux-mêmes. Le point majeur sous-jacent à toute cette formation est d'apprendre aux participants à être cent pour cent responsables d'eux-mêmes et de tout ce qui se produit dans leur vie tout en résolvant les problèmes aisément.

Le plus extraordinaire dans cette mise à jour de la méthode Ho'oponopono, c'est qu'elle nous demande d'être continuellement présents à nous-mêmes afin d'apprécier de plus en plus chaque expérimentation du processus miraculeux de transmutation des pensées erronées en amour.

Je vis ma vie et mes relations avec les autres en appliquant les principes suivants :

1. L'Univers physique est la matérialisation de mes pensées.
2. Si mes pensées sont cancéreuses, elles créent le cancer dans la réalité physique.
3. Si mes pensées sont pures, elles créent une réalité physique emplie d'amour.
4. Je suis cent pour cent responsable de l'Univers physique dans lequel je vis.
5. Je suis cent pour cent responsable de transformer les pensées cancéreuses qui créent une réalité de maladie.
6. Rien n'existe à l'extérieur de moi. Tout existe grâce aux pensées dans mon esprit.

Mark et moi avons lu cet article et nous nous sommes demandé lequel des auteurs était le fameux thérapeute : Charles Brown ou le Dr Hew Len. Nous l'ignorions. Nous ne pouvions le déterminer non plus. Nous nous demandions aussi qui était cette dénommée Morrnah dont on parlait dans l'article. Et que pouvait bien être le programme Identité de Soi Ho'oponopono, s'il vous plaît ?

Nous avons poursuivi notre lecture.

Nous avons trouvé quelques articles qui nous ont apporté un peu plus d'éclairage sur ce que nous cherchions. Ces derniers mentionnaient, entre autres, des informations révélatrices comme : « Identité de Soi par la méthode Ho'oponopono permet d'envisager chaque problème non pas comme une épreuve, mais comme une occasion favorable. Les problèmes représentent des mémoires du passé que nous visionnons de nouveau afin de nous offrir une autre occasion de voir cette situation avec les yeux de l'amour et d'agir ensuite par inspiration. »

J'étais certes curieux, mais je ne comprenais vraiment pas le sens de ces propos. Les problèmes représentent des mémoires du passé que nous visionnons de nouveau ? Quoi ? Qu'est-ce que ces auteurs essaient de nous expliquer ? Comment cette méthode de ho-je-ne-sais-quoi aide-t-elle le thérapeute à guérir les gens ? Et qui est ce fameux thérapeute ?

J'ai trouvé encore un autre article, celui-ci était d'un journaliste nommé Darrell Sifford qui écrivait au sujet d'une rencontre avec le créateur de cette méthode Ho'opo-quoi-encore. Le créateur en question s'appelait Morrnah et il s'agissait d'un *Kahuna* ou plus précisément d'un gardien des secrets. Pour aider les gens à guérir, cette dénommée Morrnah adresse une demande au créateur Divin de notre choix, passant ainsi par la Divinité qui vit en chacun de nous, laquelle représente simplement une extension du créateur Divin.

Il est possible que vous compreniez déjà ces propos. De mon côté, je n'y suis pas parvenu tout de suite. Mark non plus, d'ailleurs. Il semble que cette dénommée Morrnah emploie des mots, comme une prière, qui aident les gens à guérir. J'ai noté mentalement de retracer cette prière plus tard, mais pour le moment, j'avais une tout autre mission : trouver le thérapeute et apprendre sa méthode de guérison. Mon empressement pour en savoir plus et pour rencontrer ce thérapeute shaman ne cessait de grandir.

Malgré cette grande excitation, Mark et moi devions réellement retourner à notre stand du congrès. Nous avons donc laissé tout cela de côté afin de pouvoir revenir plus tard à notre quête.

Selon les informations recueillies dans les articles et sur le site, nous supposions que le thérapeute que nous désirions trouver devait être Ihaleakala Hew Len. Quel prénom ! Je n'avais aucune idée de sa prononciation, encore moins de son épellation. Je ne savais pas non plus où je pouvais bien rencontrer cet homme. Le site ne mentionnait aucune manière de le joindre. Mark et moi avons essayé de chercher sur le moteur de recherche Google, mais cela s'est avéré infructueux. Nous avons commencé à nous demander si ce thérapeute n'était pas éthéré ou s'il n'était qu'une fiction, s'il était à la retraite ou tout simplement décédé.

J'ai fermé mon ordinateur portable et je suis retourné à la convention. L'aventure ne faisait que commencer.

À LA RECHERCHE DU PLUS ÉTONNANT THÉRAPEUTE AU MONDE

*Qui regarde à l'extérieur rêve ;
qui regarde à l'intérieur s'éveille.*

Carl Gustav JUNG

De retour dans ma maison située à l'extérieur d'Austin au Texas, je n'arrêtais pas de ressasser l'histoire du thérapeute qui guérissait les gens sans les rencontrer. Quelle pouvait bien être sa méthode ? Qui était cet homme ? Est-ce que toute cette histoire n'était qu'un canular ?

À cause des quelque vingt années passées dans le domaine du développement personnel et qui ont été rapportées dans mes livres *Adventures Within*[1] et *Le Facteur d'attraction*[2], personne ne sera surpris si j'affirme avoir besoin d'en savoir plus. J'ai toujours été curieux. J'ai passé de nombreuses années auprès de gourous controversés. J'ai interviewé des mentors

---
1. Joe VITALE, *Adventures Within*, Bloomington, IN, AuthorHouse, 2003.
2. Joe VITALE, *Le Facteur d'attraction : 5 étapes faciles pour attirer la richesse ou combler tous vos désirs*, Brossard, Monde Différent, 2005.

ingénieux, des sages, des auteurs, des conférenciers, des personnalités mystiques, des magiciens de l'esprit. Grâce au succès de mes livres, je compte parmi mes amis plusieurs experts sur le plan du développement humain. Mais malgré tout cela, je demeurais incapable de cesser de ressasser cette histoire. Celle-ci était différente. Il s'agissait d'une découverte.

Je devais en savoir davantage.

Alors, je me suis remis à chercher. Dans le passé, j'avais déjà engagé des détectives pour retracer des personnes disparues. Je l'ai fait quand est venu le temps de retrouver la trace de Bruce Barton, le génie du marketing, pour mon livre *The Seven Lost Secrets of Success*[1]. J'étais de nouveau prêt à engager un professionnel pour trouver le Dr Hew Len quand une chose étrange s'est produite.

Un jour, alors que je faisais encore des recherches au sujet du Dr Hew Len, j'ai découvert que son nom était associé à un site Internet. Je ne comprenais absolument pas pourquoi ce lien ne m'était pas apparu dans les recherches précédentes. Il était toutefois là.

Il n'y avait aucun numéro de téléphone, mais je pouvais engager le Dr Hew Len par courriel pour une consultation personnelle. Cela me semblait être une manière archaïque d'effectuer de la thérapie, mais à l'ère d'Internet, tout se fait. Cela m'a tout de même paru être un bon moyen de mettre un pied dans sa porte et je lui ai envoyé un courriel. Au-delà des mots, j'éprouvais un grand emballement. J'avais peine à attendre sa réponse. Qu'allait-il bien pouvoir me dire ? Allait-il m'écrire quelque chose d'éclairant ? Allait-il me guérir par courriel ?

---

1. Joe VITALE, *The Seven Lost Secrets of Success*, Garden City, NY, MorganJames Publishing, 2005.

Je n'ai pratiquement pas dormi de la nuit. J'étais réellement impatient d'avoir de ses nouvelles. Dès le lendemain matin, il m'a répondu ceci :

Joe,
Je vous remercie de votre demande. Les consultations sont généralement faites par Internet ou par télécopieur. La personne qui me consulte me donne habituellement quelques informations au sujet de la nature de la consultation, c'est-à-dire une description d'un problème ou d'une préoccupation. J'examine et je médite sur ces informations afin de trouver la volonté du Divin dans tout cela. Après quoi, je communique de nouveau avec cette personne pour lui faire part de ce que j'ai reçu dans ma méditation.
Aujourd'hui, pendant que j'étais sorti pour le déjeuner, un client qui est avocat m'a fait parvenir une information par télécopieur afin que j'y jette un coup d'œil. Je vais l'examiner et je l'informerai ensuite de ce que m'a transmis la Divinité dans ma méditation. Vous pouvez obtenir de l'information au sujet de la nature de mon travail sur le site www.hooponopono.org.
Sentez-vous très à l'aise de communiquer de nouveau avec moi pour voir ce qui sera efficace pour vous.
Je vous souhaite la Paix au-delà de toute la compréhension.
Paix de Soi,

Ihaleakala Hew Len, Ph. D.

Il s'agissait là d'un courriel très curieux. Cet homme parle à la Divinité ? Les avocats l'embauchent ? Je n'en savais pas encore suffisamment sur lui pour porter un jugement, mais je voulais certainement en savoir plus.

Immédiatement, je l'ai engagé pour une consultation par courriel. Cette décision allait me coûter 150 $ dollars, mais pour moi, ce n'était rien. J'allais finalement avoir des nouvelles de ce très-recherché-psychologue au travail miraculeux. J'étais tellement emballé !

Je me suis mis à réfléchir à ce que je pouvais bien lui demander comme consultation. Tout allait relativement bien dans ma vie. J'avais mes livres, le succès, des autos, des maisons, une conjointe, la santé et la joie que recherchent majoritairement les gens. J'ai même réussi à perdre plus de cent soixante-dix kilos, ce qui me faisait sentir très bien, mais il me restait toutefois une bonne trentaine de kilos de plus à perdre. Puisque ma lutte pour perdre du poids n'était pas encore gagnée, j'ai donc choisi de demander au Dr Hew Len une consultation à ce sujet. Je lui ai écrit. Sa réponse m'est parvenue par courriel la même journée :

> *Merci de votre réponse, Joe.*
> *Quand j'ai pris connaissance de vos informations, j'ai entendu : « Il est parfait. »*
> *Parlez à votre corps. Dites-lui : « Je t'aime tel que tu es. Je te remercie d'être avec moi. Si tu sens que tu as été abusé par moi, s'il te plaît, pardonne-moi. » Prenez le temps dès maintenant et à différents moments de la journée de visiter votre corps. Que cette visite soit un moment d'amour et de gratitude envers lui. « Je te remercie de me véhiculer partout. Je te remercie pour chaque respiration, pour chaque battement de cœur. »*
> *Voyez-vous, votre corps est un partenaire dans votre vie et non un serviteur. Parlez-lui comme vous parleriez à un petit enfant. Soyez son ami. Il a besoin de beaucoup d'eau pour fonctionner adéquatement. Il*

est possible que vous ressentiez encore la faim, mais votre corps est peut-être seulement en train de vous dire qu'il est assoiffé.
Boire de l'eau solaire bleue transmute les mémoires qui rejouent les problèmes dans l'esprit subconscient (l'enfant) et aide le corps à les laisser aller et à laisser Dieu agir. Procurez-vous une bouteille en verre bleu. Remplissez-la de l'eau du robinet. Mettez ensuite un bouchon de liège ou couvrez l'embouchure de cellophane. Ensuite, placez cette bouteille dans le rayonnement du soleil ou sous une lumière incandescente durant au moins une heure. Puis, buvez cette eau ; après un bain ou une douche, rincez votre corps avec l'eau solaire bleue. Utilisez-la pour cuisiner, pour laver vos vêtements et pour faire tout ce que vous faites normalement avec de l'eau. Vous pouvez aussi faire votre café ou votre chocolat chaud avec l'eau solaire bleue.
Votre courriel dégage une simplicité si élégante, un cadeau incomparable.
Peut-être pourrions-nous communiquer de nouveau comme des compagnons de voyage s'aidant à déblayer la route vers la Maison ?
Je vous souhaite la Paix au-delà de toute la compréhension.
Paix de Soi,

Ihaleakala

Pendant que je savourais la quiétude de son message, une part de moi voulait encore en savoir davantage. Était-ce ainsi qu'il offrait des consultations ? Était-ce ainsi qu'il avait guéri les patients de l'asile ? Si c'était le cas, il y avait une faille importante. Je doute que bien des gens auraient accepté un courriel avec un verdict comme celui-ci sur la perte de poids. Affirmer « vous êtes parfait » ne m'apparaît pas être une solution à quoi que ce soit.

J'ai donc décidé de lui écrire de nouveau pour obtenir plus de détails. Voici sa réponse :

> Joe,
> La paix commence en moi.
> Mes problèmes viennent de mémoires qui rejouent dans mon subconscient. Aucune personne, aucun lieu ni aucun événement n'est concerné par mes problèmes. Ils sont ce que Shakespeare a si poétiquement appelé dans l'un de ses sonnets « des soupirs déjà soupirés »[1].
> Quand j'expérimente des problèmes provenant de mémoires qui se reproduisent, j'ai le choix. Je peux demeurer dans la même dynamique ou je peux implorer la Divinité de me libérer d'eux grâce à la transmutation et par conséquent de remettre mon esprit à son point d'origine, à zéro, à son état de vide… où la mémoire est totalement libre. Quand ma mémoire est libre, je suis moi-même Divin comme la Divinité qui m'a créé avec toute sa ressemblance.
> Quand mon subconscient est à l'état zéro, il n'y a plus de temps, de limites, de finitude, de mort. Quand les mémoires mènent le bal, tout est embourbé dans le temps, l'espace, les problèmes, l'incertitude, le chaos, la gestion. En remettant de l'ordre dans les mémoires grâce à mon alignement sur la Divinité, je redonne de la clarté à mon esprit. Pas d'alignement, pas d'inspiration. Pas d'inspiration, pas de raison d'être.
> Dans mon travail de consultation avec les gens, je prie toujours la Divinité de transmuter les mémoires logées dans mon subconscient qui rejouent mes perceptions, mes pensées, mes réactions en lien avec

---

1. William SHAKESPEARE, *Sonnets*, Babel, France, Éditions Actes Sud, 2007, 445 p.

eux. À l'état zéro, la Divinité submerge l'inspiration dans mon esprit conscient et inconscient, permettant ainsi à mon âme de connaître les gens exactement comme la Divinité les connaît.
En travaillant avec la Divinité, les mémoires qui sont transmutées dans mon subconscient le sont également dans le subconscient de tous les esprits et pas seulement chez les êtres humains, mais également dans les règnes végétal, animal et minéral et pour toutes les formes de vie visible ou invisible. Que c'est merveilleux de réaliser que la paix et la liberté commencent à l'intérieur de moi.
Paix de Soi,

Ihaleakala

Malgré cette explication, je ne comprenais toujours pas ! Il m'est venu l'idée de demander au Dr Hew Len de travailler avec lui dans le but d'écrire un livre sur son travail. Tout cela me semblait la manière la plus logique de lui faire vendre la mèche et ainsi d'apprendre plus sur le travail effectué à l'asile. Je lui ai dit que ce livre aiderait les autres. Je lui ai également dit que j'effectuerais pratiquement tout le travail. J'ai envoyé mon courriel et j'ai attendu sa réponse. Il m'a répondu ceci :

Joe,
La paix commence en moi.
L'humanité a accumulé des mémoires de dépendance en percevant les autres comme une aide nécessaire, un soutien. La méthode Identité de Soi Ho'oponopono (MISH) consiste à libérer de notre subconscient les mémoires qui nous disent que les problèmes sont à l'extérieur de nous et non en nous. Chacun de nous est venu avec des soupirs déjà soupirés en lui. Les mémoires problématiques n'ont absolument rien à voir avec les gens, les lieux, les

situations. Elles sont des occasions favorables de libération.

La raison d'être principale de la méthode est de nous permettre de retrouver notre identité profonde et notre courant naturel avec l'Intelligence Divine. En rétablissant ce courant naturel, l'état zéro devient ainsi accessible et l'âme est ainsi submergée par l'inspiration.

Généralement, les personnes qui ont suivi la formation désirent partager leurs apprentissages avec les autres dans l'intention de les aider. Il est réellement difficile de les faire sortir du mode « Je veux aider les autres ». Leur expliquer la méthode dans l'ensemble ne règle pas les problèmes de mémoires. Par contre, utiliser la méthode le permet.

Si nous sommes prêts à nettoyer nos soupirs, nous serons alors bien et tout le monde et toutes les choses le deviendront également. Nous décourageons les participants de partager les principes de la méthode avec les autres ; à la place, nous les encourageons à abandonner leur bagage des autres ; les libérant donc en premier lieu et libérant les autres en second lieu.

La paix commence en moi,
PDS

Ihaleakala

Bon, je ne comprenais toujours pas !

Une fois de plus, je lui ai écrit pour savoir si je pouvais lui téléphoner. Je lui ai dit que j'aimerais l'interviewer. Il a encore accepté. Nous avons convenu d'un rendez-vous pour nous parler quelques jours plus tard, soit le vendredi suivant. J'étais si enthousiaste que j'ai écrit à mon ami Mark Ryan pour le mettre au parfum des nouvelles selon lesquelles j'allais finalement m'entretenir avec le mystérieux shaman hawaïen dont il m'avait parlé environ un an auparavant. Il était emballé lui aussi.

Nous étions tous les deux curieux de ce que nous allions apprendre. Nous ignorions ce que nous allions vivre.

Notre première conversation

Tous les hommes prennent les limites de leur champ visuel pour les limites du monde.

Arthur Schopenhauer

Le 21 octobre 2005, j'ai finalement eu ma première conversation avec le Dr Hew Len.

Son nom complet est Dr Ihaleakala Hew Len. Cependant, il désire que je l'appelle « E ». Oui, comme la lettre de l'alphabet. Ça ne me pose aucun problème. La première conversation téléphonique entre « E » et moi a probablement duré une heure. Je lui ai demandé de me raconter l'histoire complète de son travail de thérapeute.

Il m'a expliqué qu'il a travaillé à l'hôpital de l'État d'Hawaï durant trois ans. L'aile où étaient gardés les malades mentaux criminels était dangereuse. Les psychologues n'y demeuraient qu'un mois. Essoufflés, les employés tombaient malades ou ils démissionnaient tout simplement. Les gens qui se rendaient dans cette aile marchaient dos au mur de peur d'être attaqués par un patient. Ce n'était vraiment pas un endroit agréable pour vivre, travailler ou à visiter.

Dr Hew Len ou « E » m'a raconté qu'il n'a jamais rencontré les patients dans un but professionnel. Il n'a jamais eu de consultation avec eux. Il a accepté de jeter un œil à leur dossier. Pendant qu'il les regardait, il en a profité pour travailler sur lui. Simultanément, les patients ont commencé à guérir.

Cela est devenu encore plus fascinant quand j'ai appris ceci :

« Après quelques mois, les patients qui étaient enchaînés ont reçu la permission de marcher librement, m'a dit le Dr Hew Len. Ceux à qui on administrait une forte dose de médicament ont eu droit à une réduction des doses. Et ceux qui étaient considérés comme n'ayant aucune chance d'être libérés ont obtenu leur congé. »

J'étais impressionné.

Il ajouta : « En plus, le personnel a commencé à apprécier son travail. L'absentéisme et le renouvellement de personnel ont cessé. Nous avons même fini par avoir un surplus d'employés, car les patients obtenaient leur congé et le personnel s'empressait de venir travailler. Aujourd'hui, l'aile est fermée. »

C'est là que je me devais de poser la question à un million de dollars :

« Qu'est-ce que vous avez fait comme travail sur vous qui puisse faire changer ces gens ?

— J'ai simplement nettoyé la partie de moi que j'avais en commun avec eux », m'a-t-il répondu.

Quoi ? Je n'y comprenais rien.

Dr Hew Len m'a ensuite expliqué que la responsabilité entière de notre vie signifie que « tout » ce qu'il y a dans notre vie – précisément parce que c'est dans notre vie – est notre responsabilité. Littéralement parlant, cela veut dire que le monde entier est votre propre création.

Ouf ! c'est difficile à avaler. Être responsable de ce que je dis et de ce que je fais est une chose. Être responsable de ce que tout le monde dans ma vie fait ou dit en est une autre.

En fait, la vérité signifie ceci : Si nous endossons la responsabilité complète de notre vie, alors tout ce que nous voyons, entendons, goûtons, touchons ou expérimentons est notre responsabilité parce que c'est notre vie.

Alors, cela signifie que les terroristes, le président des États-Unis, l'économie – tout ce que nous expérimentons et n'aimons pas – sont là pour nous aider à guérir.

D'une certaine manière, rien n'existe sauf à titre de projection de notre intérieur. Le problème ne provient pas des autres. Il provient de nous. Ainsi, pour les changer, il est nécessaire de nous changer nous-mêmes. Je sais que c'est difficile à comprendre, encore plus à accepter ou à vivre vraiment. Le blâme est de loin plus facile à faire que de prendre la responsabilité entière. Toutefois, en discutant avec le Dr Hew Len, je commençais à réaliser que la guérison pour lui ou par Ho'oponopono signifie l'amour de soi. Si nous voulons nous améliorer, il est nécessaire de guérir notre vie. Si nous voulons guérir tout le monde – y compris un malade mental criminel – nous le faisons en nous guérissant nous-mêmes. J'ai demandé au Dr Hew Len comment il était arrivé à se guérir lui-même. Que faisait-il exactement quand il étudiait le dossier de ses patients ? « Je n'arrêtais pas de répéter : *Je suis désolé, je t'aime*, encore et encore, m'expliqua-t-il.

— C'est tout ?

— C'est tout. »

Il s'avère que s'aimer soi-même est la manière la plus élevée de s'améliorer. Et lorsque nous nous améliorons, nous améliorons notre monde.

Peu importe ce qui s'est passé à l'hôpital durant le temps où le Dr Hew Len y travaillait, il se tournait vers la Divinité et il demandait d'en être libéré. Il faisait toujours confiance. Et cela fonctionnait en tout temps. Le Dr Hew Len se demandait alors : « Qu'est-ce qui se passe en moi qui a pu causer ce problème et comment puis-je le rectifier en moi ? » Apparemment, cette méthode de guérison de l'intérieur vers l'extérieur est l'Identité de Soi Ho'oponopono. Il y a une version plus ancienne de cette méthode qui était fortement influencée par les missionnaires hawaïens. Elle requérait un intervenant qui aidait les gens à guérir leurs problèmes en les exprimant. Quand les gens arrivent à couper le cordon qui les relie au problème, le problème disparaît. Cependant, la méthode Identité de Soi Ho'oponopono ne nécessite pas d'intervenant. Tout se passe à l'intérieur de soi. J'étais vraiment curieux et je savais que je comprendrais davantage tout cela en temps et en lieu.

Le Dr Hew Len n'avait pas encore de matériel sur sa méthode. Je lui ai offert de l'aider à écrire un livre, mais il ne semblait pas intéressé. Tout ce qu'il y avait sur le sujet, c'est une vieille vidéo que j'ai commandée. Il m'a aussi conseillé de lire *The User Illusion* de Tor Norretranders. Comme je suis un lecteur compulsif, je me suis tout de suite dépêché d'aller en ligne et je l'ai commandé. Dès qu'il m'a été livré, je l'ai dévoré.

Le livre affirme que notre esprit conscient ne sait absolument pas ce qui se passe. Norretranders écrit : « Chaque seconde, des millions de parcelles d'informations affluent vers nos sens. Toutefois, notre conscience ne peut traiter que quarante parcelles par seconde – au plus. Des millions et des millions de parcelles sont condensées dans une expérience consciente qui fournit peu d'informations. »

Si je comprends bien les dires du Dr Hew Len, nous n'avons absolument pas conscience de ce qui se passe dans un moment précis ; tout ce que nous pouvons faire, c'est tourner la page et faire confiance. Tout est question d'être cent pour cent responsables de tout ce qui arrive dans notre vie : vraiment tout. Il dit que son travail consiste à faire le ménage en lui. En même temps qu'il se nettoie, le monde aussi devient plus propre parce qu'il est le monde. Tout ce qui est extérieur à lui n'est qu'une projection, une illusion.

Cela ressemble un peu aux propos jungiens qui disent que l'extérieur que nous voyons est la part d'ombre qui nous habite, mais le Dr Hew Len va bien au-delà. De son point de vue, il semble plutôt reconnaître que tout ce qui existe est un miroir de nous-mêmes ; il dit également qu'il nous appartient de réparer tout ce que nous vivons comme expérience en allant à l'intérieur de nous pour nous brancher à la Divinité. Selon lui, la seule manière de pouvoir réparer ce qui se manifeste à l'extérieur est de dire « Je t'aime » à la Divinité, qui peut aussi être appelée Dieu, la Vie, l'Univers ou toute autre appellation qui possède une vibration collective élevée.

Quelle conversation ! Le Dr Hew Len ne me connaissait ni d'Adam ni d'Ève mais m'a offert tout ce temps. Il m'a quelque peu embrouillé en cours de route. Cet homme doit avoir au moins soixante-dix ans et il est certainement un grand maître pour plusieurs, mais un casse-pieds pour bien d'autres.

J'avais des frissons de joie à la suite de cette première conversation avec le Dr Hew Len, mais j'en voulais encore plus. Je ne comprenais pas clairement ce qu'il me disait. Sans autres explications, il me serait beaucoup trop facile d'argumenter ou de rejeter tout ça. Toutefois, ce qui me hantait était de découvrir plus amplement cette nouvelle méthode de guérison pour ces soi-disant cas désespérés tels que les malades mentaux criminels.

Je savais que le Dr Hew Len offrait un séminaire prochainement, alors je lui en ai parlé.

Qu'est-ce que j'aurai de plus après cette formation ?

« Tu auras ce que tu auras », m'a-t-il répondu.

Eh bien, cela ressemblait beaucoup à la philosophie des années 1970. Ce que nous avons est ce que nous sommes supposés avoir.

« Combien de personnes participent à votre séminaire ? lui ai-je demandé.

— Je poursuis mon nettoyage, m'a-t-il dit. Alors, seules les personnes qui seront prêtes y viendront. Nous ne savons jamais, peut-être trente ou cinquante. »

Avant de clore l'entretien téléphonique avec « E », je lui ai demandé ce que signifiait sa signature au bas de ses courriels.

« POI[1] signifie Paix de Soi, m'a-t-il répondu. C'est la paix qui surpasse la compréhension. »

Je n'ai pas compris ce qu'il voulait dire à ce moment-là, mais aujourd'hui, tout cela m'est parfaitement clair.

---

1. (PDS en français).

La bouleversante vérité au sujet des intentions

Notre vie intérieure subjective représente ce qui compte vraiment pour nous en tant qu'être humain. Pourtant, nous en savons et en comprenons bien peu sur la manière dont fonctionne et se manifeste notre conscient pour agir.

Benjamin Libet

Après ce premier appel avec le Dr Hew Len, j'étais toujours aussi impatient d'en savoir davantage. Je lui ai parlé du séminaire qu'il allait offrir quelques semaines plus tard. Il n'a pas essayé de me le vendre. Il m'a simplement dit qu'il poursuivait son nettoyage et qu'il n'y aurait donc que les personnes qui devraient y venir. Il ne souhaitait pas avoir une foule. Il désirait des cœurs ouverts. Il savait avec confiance que la Divinité – son terme favori pour désigner la force qui est plus grande que nous mais qui nous englobe tous – ferait les meilleurs arrangements qui soient.

J'ai demandé à mon ami Mark Ryan, l'homme qui m'a parlé en premier du Dr Hew Len, s'il souhaitait participer à ce séminaire. Je lui ai offert d'assumer les coûts du voyage pour le récompenser de m'avoir informé de ce miracle et de ce guérisseur miraculeux. Mark en était ravi, bien sûr !

J'ai fait d'autres recherches avant le voyage. Je me demandais si la méthode du Dr Hew Len avait quelque chose à voir avec celle nommée *Huna*, une méthode de guérison très populaire provenant d'Hawaï. Au cours de mes lectures, j'ai constaté que cela n'avait rien à voir du tout. *Huna*, c'est le nom que Max Freedom Long, un entrepreneur devenu auteur, a donné à sa version de la spiritualité hawaïenne. Il revendique l'apprentissage d'une tradition secrète hawaïenne qu'il a apprise alors qu'il travaillait comme professeur dans une école d'Hawaï. En 1945, il a fondé l'Association Huna et a ensuite publié une série de livres, dont le plus populaire est *The Secret Science Behind Miracles*[1]. Bien que fascinant, le travail de Long n'était pas en lien avec celui du thérapeute qui faisait l'objet de ma recherche. Selon ce que j'avais commencé à apprendre, le thérapeute pratiquait une méthode dont Long n'avait jamais eu vent ou, du moins, pas de la manière dont le Dr Hew Len la pratiquait.

Plus je lisais et j'apprenais, plus ma curiosité s'approfondissait. Il m'était difficile d'attendre le jour où je m'envolerais pour rencontrer le guérisseur en personne.

J'ai pris le vol pour Los Angeles pour y rejoindre Mark et nous nous sommes ensuite dirigés vers Calabasas en Californie. Mais avant, Mark m'a fait visiter Los Angeles et nous y avons eu beaucoup de plaisir. Nous étions cependant fort désireux de rencontrer cet homme dont nous avions tant entendu parler. Mark et moi étions très excités et nous avons eu une conversa-

---

[1]. Max Freedom LONG, *The Secret Science Behind Miracles : Unveiling the Huna Tradition of the Ancient Polynesians*, Camarillo, CA, DeVorss, 1948.

tion très intense durant tout le dîner, mais au fond, tout ce que nous souhaitions, c'est que le séminaire commence.

Quand nous sommes arrivés sur les lieux du séminaire, il y avait une file d'une trentaine de personnes. Je me suis mis sur la pointe des pieds pour voir au-dessus de toutes les têtes. J'avais hâte de voir le guérisseur. Je voulais connaître ce mystérieux homme. Il me fallait avoir sous les yeux Dr Hew Len. Puis je l'ai enfin aperçu près de la porte et il m'a salué.

« Aloha, Joseph », m'a-t-il dit en me serrant la main. Il parlait doucement, mais avec charisme et autorité. Il portait des *Dockers*[1], des souliers de tennis, un chandail ouvert et une veste de complet. J'apprendrais plus tard que la casquette qu'il portait est en fait sa marque de commerce.

« Aloha, Mark », a-t-il dit à mon ami. Nous avons échangé brièvement quand il s'est informé de notre voyage, du temps requis pour le vol entre le Texas et Los Angeles et ainsi de suite. J'ai immédiatement aimé cet homme. Sa confiance discrète et sa manière d'être un peu grand-père me rejoignaient.

Dr Hew Len est très ponctuel. Sitôt le séminaire amorcé, il m'a interpellé. « Joseph, où va un document que tu supprimes de ton ordinateur ?

— Je n'en sais rien », ai-je répliqué. Les participants sont tous partis à rire. J'étais certain qu'ils l'ignoraient eux aussi.

« Quand vous effacez quelque chose de votre ordinateur, où est-ce que cela va ? demanda-t-il à l'assistance.

— Dans le bac de recyclage, s'écria quelqu'un.

— Exactement !, dit le Dr Hew Len. Ce document demeure dans l'ordinateur, mais il est hors de portée

---
1. Sorte de pantalon en coton. (*N.d.T.*)

de vue. Il en est de même pour vos mémoires. Elles sont toujours là, mais elles sont cachées. Que faut-il faire pour supprimer complètement et définitivement le document ? »

Je trouvais cela fascinant, mais je ne comprenais pas très bien ce que cela signifiait ni où il voulait en venir. Pourquoi devrais-je effacer mes mémoires définitivement ?

« Vous avez deux façons de vivre votre vie, expliqua le Dr Hew Len. À partir de vos mémoires ou à partir de l'inspiration. Les mémoires sont de vieux programmes qui rejouent constamment. L'inspiration représente les messages envoyés par la Divinité. La seule manière de capter l'inspiration est de nettoyer toutes les mémoires. La seule chose que vous avez à faire est de nettoyer. »

Le Dr Hew Len a passé beaucoup de temps à expliquer que la Divinité est notre état zéro – c'est-à-dire là où nous avons zéro limite. Aucune mémoire. Aucune identité. Rien d'autre que la Divinité. Dans notre vie, il nous arrive de retrouver cet état zéro, mais la plupart du temps, nous avons des déchets – qu'il appelle des mémoires – qui s'activent de nouveau.

« Quand je travaillais à l'asile et que j'observais le dossier des patients, nous a-t-il dit, je ressentais toute la douleur en moi. Il s'agissait en fait d'un partage de mémoires. Un programme avait poussé les patients à agir ainsi. Ils n'avaient aucun contrôle. Ils ont été enfermés dans un programme. En ressentant ce programme, je l'ai nettoyé. »

C'est ainsi que le nettoyage est devenu le thème récurrent du séminaire. Il nous a parlé de différentes manières de nettoyer, dont je ne peux ici révéler la teneur puisqu'elles sont confidentielles. Pour toutes les apprendre, vous devez suivre la formation Ho'oponopono.

Cependant, voici la méthode qu'a utilisée le plus fréquemment le Dr Hew Len, qu'il utilise encore, et celle dont je me sers également aujourd'hui :

Il y a simplement quatre phrases à répéter encore et encore, sans arrêt, en les adressant au Divin :

« Je t'aime. »

« Je suis désolé. »

« Pardonne-moi, s'il te plaît. »

« Merci. »

Après avoir vécu cette fin de semaine de formation, la phrase « Je t'aime » a pris place dans mon discours mental. Un peu comme la chanson qui nous habite au réveil et qui joue constamment dans notre tête, je me réveillais en entendant « Je t'aime » dans ma tête. Que je le prononce consciemment ou non, ces mots étaient là. C'était une très belle sensation. Je ne savais pas si cela nettoyait quoi que ce soit, mais j'ai tout de même fait l'exercice. De toute manière, je ne voyais pas comment « Je t'aime » pourrait être mauvais quelle que soit la manière, l'apparence ou la forme.

Une autre fois, dans la formation, le Dr Hew Len m'a interpellé. Il m'a demandé : « Joseph, comment sais-tu s'il s'agit d'une mémoire ou d'une inspiration ? »

Je n'ai pas compris la question et je lui en ai fait part.

« Comment peux-tu savoir si une personne qui a un cancer l'a attiré ou si elle l'a reçu par le Divin en guise de défi pour l'aider ? » a-t-il repris.

Je suis demeuré un moment silencieux. J'essayais d'analyser la question. Comment peut-on savoir si un événement provient de notre esprit ou de l'esprit du Divin ?

« Je ne sais vraiment pas », ai-je ajouté.

« Moi non plus a enchaîné le Dr Hew Len. C'est pourquoi il est nécessaire de constamment nettoyer, nettoyer, nettoyer. Vous devez nettoyer tout et n'importe quoi parce que vous ne savez pas ce qu'est une mémoire et ce qu'est une inspiration. Il faut nettoyer pour accéder à l'endroit où il y a zéro limite, où se trouve l'état zéro. »

Le Dr Hew Len affirme que notre esprit n'a qu'une minuscule vision du monde et que cette vue est non seulement incomplète mais également inexacte. J'ai adhéré à cette vision seulement après avoir lu le livre de Guy Claxton, *The Wayward Mind*[1]. Dans ce livre, Claxton relate des expériences qui prouvent que notre cerveau nous dicte quoi faire avant que nous décidions consciemment d'agir. Dans l'une de ces fameuses expériences, un neuroscientifique nommé Benjamin Libet a placé des électroencéphalogrammes sur des personnes afin de vérifier ce qui se produisait dans leur cerveau. Il a ainsi décelé un mouvement de l'activité cérébrale avant que la personne ait l'intention consciente de faire quelque chose, suggérant ainsi que l'intention viendrait de l'inconscient et qu'ensuite elle pénétrait l'esprit conscient.

Claxton écrit aussi que Libet « a découvert que l'intention de bouger apparaît environ un cinquième de seconde avant que le mouvement s'amorce – mais un flux d'activité apparaît de manière fiable dans le cerveau au moins un trentième de seconde avant l'intention ».

Selon William Irvine qui écrit dans son livre *On Desire : Why we want what we want*[2] : « De telles expériences suggèrent que les choix ne se forment

---
1. Guy CLAXTON, *The Wayward Mind : An Intimate History of the Unconscious*, London, Abacus, 2005.
2. William IRVINE, *On Desire : Why We Want What We Want*, NY, Oxford University Press, 2006.

pas dans notre conscient, d'une manière rationnelle. Ils commencent plutôt à bouillonner dans notre esprit inconscient pour ensuite atteindre la surface de notre conscient où nous nous les approprions. »

Benjamin Libet lui-même, l'homme qui a mené l'étonnante et controversée expérience, a écrit dans son livre *Mind Time*[1] : « L'apparition inconsciente d'une intention d'agir ne peut pas être contrôlée consciemment. Seule l'activité motrice en bout de ligne peut être contrôlée consciemment. »

En d'autres mots, l'impulsion de choisir un livre peut sembler venir d'un choix conscient, mais en réalité votre cerveau a envoyé en premier lieu un signal à votre conscient qui l'a capté, ce qui a ensuite emboîté le pas avec une intention déterminée ressemblant à : « Ce livre semble intéressant. Je pense que je vais le prendre. »

Vous auriez pu choisir de ne pas le prendre et alors vous auriez rationalisé votre décision. Vous ne pouviez pas contrôler l'origine du signal lui-même qui vous a poussé à agir.

Je sais que tout cela est difficile à croire. Selon Claxton : « Aucune intention n'éclot dans la conscience ; aucun plan n'y est érigé. Les intentions sont des prémonitions ; des icônes qui scintillent dans un recoin de notre conscience pour indiquer ce qui peut peut-être se produire. »

Ainsi, une intention claire n'est rien d'autre qu'une prémonition claire. La question qui me perturbe dans tout cela est : D'où viennent les pensées ?

C'est hallucinant. Après avoir écrit à propos du pouvoir de l'intention dans mon livre *Le Facteur d'attraction*

---

1. Benjamin LIBET, *Mind Time : The Temporal Factor in Consciousness*, Cambridge, MA, Harvard University Press, 2004.

et après avoir participé au film *Le Secret,* en arriver à la conclusion que les intentions ne sont pas mon choix était un choc. Il s'avère que ce que je croyais faire quand j'établissais mes intentions n'était en fait que de verbaliser une impulsion déjà en mouvement dans mon cerveau.

La question qui vient ensuite est : Qu'est-ce qui ou qui envoie les intentions à mon cerveau ? En fait, plus tard, j'ai posé la question suivante au Dr Hew Len : Qui est responsable ? Il a ri et m'a dit adorer la question.

Bien, quelle est la réponse ?

J'avoue que j'étais encore confus à propos des intentions. J'ai perdu 176 kilos en étant acharné mentalement et en affirmant mon intention de perdre du poids. Alors, ai-je réellement déclaré mon intention ou ai-je plutôt répondu au signal de perte de poids de mon cerveau ? Était-ce une inspiration ou une mémoire ? J'ai alors écrit au Dr Hew Len pour obtenir des précisions. Voici ce qu'il m'a répondu :

> *Rien n'existe au point zéro, Ao Akua, aucun problème y compris le besoin d'intention. Les problèmes de poids sont simplement des mémoires qui rejouent et ces mémoires t'éloignent, toi, du point zéro. Retourner au point zéro, toi, exige la Divinité pour effacer les mémoires qui se cachent derrière les problèmes de poids. Il n'y a que deux lois qui régissent les expériences : l'inspiration de la Divinité et les mémoires enfouies dans l'esprit subconscient, la première, toute neuve, jusqu'à l'ancienne, la dernière.*
>
> *Jésus a été envoyé pour livrer ce message : « Recherchez d'abord le royaume (zéro) et vous serez comblés (inspiration). » Zéro est votre demeure et celle de la*

Divinité d'où et de qui affluent toutes les bénédictions – la richesse, la santé et la paix.
PDS

Dr Hew Len

À ce que je constatais, le Dr Hew Len regardait les intentions passées et allait ensuite à la source – l'état zéro, où il y a zéro limite. De ce point, nous expérimentons la mémoire ou l'inspiration. Un problème de poids est une mémoire. Pour le résoudre, la seule chose à faire est d'aimer, de pardonner et même de remercier pour cela. En le nettoyant, nous nous assurons que la Divinité ait une chance de le transcender grâce à l'inspiration.

Pour moi, la vérité est que mon désir de manger excessivement, à cause duquel j'ai été obèse pratiquement toute ma vie, est en fait un programme. Ce désir bouillonnait dans mon inconscient. À moins que je ne le nettoie, il y demeure et continue de bouillonner. Quand il refait surface, il me faut être vigilant à propos de mes choix : manger trop ou manger correctement. Tout cela finit par être la bataille d'une vie. C'est loin d'être amusant. Bien sûr, il est possible de transformer cette tendance à céder en lui disant non. Toutefois, cela prend énormément d'énergie et de diligence. Avec le temps, dire non à cette impulsion deviendra une nouvelle habitude.

Quel enfer pour en arriver à ce résultat !

Un jour, cette mémoire va disparaître si on prend la peine de la nettoyer.

Alors, le désir de trop manger ne refera plus jamais surface. Il n'y aura que la paix qui régnera.

En résumé, on peut dire que l'intention est une chiffe molle comparée à l'inspiration. Tant que j'ai l'intention de faire quelque chose, le combat avec cette intention se poursuit. À partir du moment où je m'abandonne à l'inspiration, la vie se transforme.

Je n'étais pas encore certain de la manière dont fonctionnait actuellement le monde et j'étais encore confus au sujet du pouvoir de l'intention. J'ai décidé de continuer à explorer le sujet.

Je suis allé dîner avec Rhonda Byrne, l'auteure et la productrice du film à succès *Le Secret*. Je lui ai demandé quelque chose qu'il me tardait de découvrir : Avez-vous créé l'idée du film ou avez-vous reçu cette idée ? lui ai-je demandé.

Je savais qu'elle avait reçu une inspiration pour créer la bande-annonce du désormais célèbre film qui s'est répandu comme une véritable épidémie sur le plan du marketing (www.thesecret.tv). L'idée pour cette bande-annonce est venue soudainement, en quelques secondes, m'a-t-elle dit. Elle a fait cette bande en moins de dix minutes. Manifestement, elle a reçu une certaine inspiration qui l'a conduite à faire la bande-annonce la plus efficace de toute l'histoire.

Cependant, je voulais savoir si l'idée même du film complet venait de l'inspiration ou bien si elle sentait qu'elle l'avait fait pour d'autres raisons. Cette information était cruciale quant à ce qui me préoccupait au sujet des intentions. Formulons-nous les intentions qui sont significatives ou recevons-nous plutôt des idées que nous appellerons ensuite des intentions ? Voilà ce que je lui ai demandé en m'asseyant avec elle pour dîner.

Rhonda est demeurée silencieuse pendant un long moment. Perdue dans ses pensées, elle contemplait ma question, cherchant en elle-même la réponse. Puis, elle s'est mise à parler. « Je ne suis pas certaine, a-t-elle commencé par dire. Assurément, l'idée m'est parvenue, mais j'ai fait le travail. Je l'ai créé. Alors, je dirais que c'est moi qui l'ai fait arriver. »

Sa réponse était très révélatrice. Le fait que l'idée lui était parvenue signifiait qu'elle était arrivée à elle grâce à l'inspiration. Ce film est si puissant, si bien fait et brillamment mis en marché que j'en arrive à croire qu'il ne peut s'agir que du déploiement du Divin. Évidemment, il y avait un travail à accomplir et Rhonda l'a fait. Toutefois, l'idée elle-même provient de l'inspiration.

Ce qui est particulier, c'est que plusieurs mois après la sortie du film et après que l'engouement eut atteint des proportions historiques, Rhonda a envoyé un courriel à toutes les vedettes y figurant pour leur faire part du fait que ce film avait maintenant sa propre vie. Plutôt que d'en rester à l'étape des intentions, elle entendait les appels et elle saisissait les occasions. Un livre était sur le point de sortir. Larry King a animé une émission spéciale, en deux parties, basée sur les idées du film. Une version audio du livre allait également bientôt voir le jour. Voilà les conséquences qui découlent du travail.

Lorsque nous sommes à l'état zéro, là où il y a zéro limite, nous n'avons pas besoin d'intentions. Là, il n'y a qu'à accueillir simplement ce qui est et ensuite nous agissons.

Et les miracles se produisent.

Cependant, il est possible d'arrêter l'inspiration.

Rhonda aurait pu dire non à l'impulsion qui la poussait à faire ce film. On pourrait dire que c'est ici que le libre arbitre entre en jeu. Quand une idée surgit dans notre esprit – provenant soit d'une inspiration ou d'une mémoire – nous pouvons choisir d'agir ou non si nous sommes conscients de cette impulsion.

Selon les propos de Jeffrey Schwartz dans son livre *The Mind and the Brain*[1], notre volonté consciente –

---

[1]. Jeffrey SCHWARTZ, *The Mind and the Brain : Neuroplasticity and the Power of Mental Force*, NY, ReganBooks, 2002.

notre pouvoir de choisir – peut bloquer l'impulsion qui naît dans notre subconscient. En d'autres mots, il est possible d'avoir l'impulsion de prendre ce livre, mais nous pouvons annuler cette dernière si nous le désirons. C'est cela le libre arbitre ou comme le dit Schwartz, « le libre refus[1] ».

Il écrit encore : « [...] quelques années plus tard, il [Libet] soutient que la notion de libre arbitre sert de portier au bouillonnement de pensées qui se produit dans le cerveau sans esquiver les conséquences morales qui en découlent. »

Le légendaire psychologue, William James, sentait que le libre arbitre se produisait après l'impulsion de faire quelque chose et avant de l'avoir réellement fait. Ainsi, nous pouvons dire oui ou non à cette action. Cela nécessite beaucoup d'attention pour être en mesure de voir le choix qui s'offre à nous. Comme me l'a enseigné le Dr Hew Len, en nettoyant constamment toutes les pensées, qu'elles proviennent d'une inspiration ou d'une mémoire, je serai beaucoup plus en mesure de choisir ce qui me convient dans le moment présent.

Je commençais à réaliser que mon problème de poids s'était résolu à cause de mon choix de ne plus obéir à la mémoire ou à l'habitude me poussant à manger plus ou à faire moins d'exercice. En choisissant de ne pas suivre ces impulsions néfastes, j'étais en train d'exercer ma capacité de libre arbitre ou de libre refus. Autrement dit, la pulsion de trop manger était en fait une mémoire et non pas une inspiration. Cette mémoire est issue d'un programme et non du Divin. J'ignorais alors ce programme ou je passais simplement par-dessus sans m'en rendre compte. Selon ce que j'ai pu recueillir comme informations, la meilleure

---

1. Traduction libre de *free won't*. (N.d.T.)

approche que me suggère le Dr Hew Len est d'aimer le programme jusqu'à ce qu'il se dissolve et que tout ce qui reste ensuite soit la Divinité.

Tout cela n'était pas encore totalement compréhensible pour moi, mais j'étais à l'écoute et réceptif à ces concepts malgré leur nouveauté. Je ne savais pas trop ce qui m'attendait ensuite.

Quelles exceptions ?

Je suis la représentation de ce que vous pensez voir.

Byron KATIE

La fin de semaine de formation était beaucoup plus profonde que je ne l'aurais cru. Le Dr Hew Len nous a expliqué que tout ce que nous cherchons et tout ce que nous expérimentons – tout – est en nous. Si nous souhaitons effectuer un changement, nous devons le faire de l'intérieur et non pas de l'extérieur. L'entière responsabilité constitue l'idée maîtresse. Aucun blâme ne tient. Tout nous appartient.

« Mais que peut-on dire au sujet d'une personne qui s'est fait violer ? », a demandé un participant. « Ou bien s'il s'agit d'un accident de voiture ? Sommes-nous réellement responsables de tout cela ? »

« Avez-vous déjà remarqué que chaque fois qu'il y a un problème, vous êtes là ? » a-t-il alors demandé. Tout tourne autour de la responsabilité à cent pour cent. Il n'y a aucune exception. Il n'y a aucune échappatoire vous permettant de vous tirer d'affaire qui ne vous plaise pas. Vous êtes responsable pour tout cela – pour tout. »

Quand il travaillait à l'asile, le Dr Hew Len a même pris la responsabilité des gestes commis par les meurtriers et les violeurs qui y étaient enfermés. Il savait qu'ils avaient agi ainsi à cause d'une mémoire ou d'un programme. Pour les aider, il était nécessaire qu'il enlève cette mémoire. La seule manière d'y parvenir était de la nettoyer. Voilà ce qu'il voulait dire quand il disait n'avoir jamais eu de consultations professionnelles dans un cadre thérapeutique avec ces patients. Il a pris connaissance de leur dossier. Ce faisant, il disait intérieurement à la Divinité :

« Je t'aime », « Je suis désolé », « Pardonne-moi, s'il te plaît » et « Merci ». Il faisait ce qui était nécessaire pour aider ces patients à retourner à l'état zéro limite. En effectuant cette guérison à l'intérieur de lui, le Dr Hew Len a suscité celle-ci chez les patients de l'asile.

Ce dernier explique ceci : « En termes simples, *Ho'oponopono* signifie "bonifier" ou "rectifier une erreur". *Ho'o* signifie "occasionner" en hawaïen et *ponopono* veut dire "perfection". » Ainsi, selon les anciens Hawaïens, l'erreur surgit des pensées qui sont polluées par les mémoires douloureuses du passé. Ho'oponopono offre une façon de libérer l'énergie de ces pensées douloureuses ou erreurs qui provoquent des débalancements et des maladies.

Bref, Ho'oponopono est tout simplement un processus de résolution de problèmes. Toutefois, ce processus se fait entièrement à l'intérieur de nous-mêmes.

Ce tout nouveau procédé a été créé par Morrnah, cette chère *Kahuna,* qui a commencé à enseigner sa méthode au Dr Hew Len en novembre 1982. Le Dr Hew Len avait entendu parler d'une miraculeuse travailleuse qui donnait des conférences dans les hôpitaux, les collèges et même aux Nations Unies. Il l'a rencontrée, l'a observée guérir sa fille du zona, alors il a tout abandonné pour étudier avec elle et apprendre sa méthode de guérison simplifiée, heureusement. À cette époque, son mariage battait de l'aile et il a laissé sa famille. Ce n'est pas inhabituel. Au cours de l'histoire, de nombreuses personnes ont quitté leur famille pour étudier avec un maître spirituel. Quant à lui, le Dr Hew Len voulait apprendre la méthode de Morrnah.

Toutefois, il n'a pas accepté tout de suite ses manières bizarres. Il s'est d'abord engagé à suivre une session de travail offerte par celle-ci, mais il est parti au bout de trois heures : « Elle parlait avec les esprits et elle avait l'air dingue, a-t-il dit. Alors, je suis parti. J'y suis retourné une semaine plus tard, j'ai payé les frais du cours une nouvelle fois et j'ai tenté de passer à travers une autre session de travail avec elle. » De nouveau, il n'y est pas arrivé. Tout ce qu'elle disait semblait bien trop fou pour un cerveau comme le sien ayant reçu une formation universitaire, alors il est encore parti de son séminaire.

« Pour une troisième fois, j'y suis retourné et cette fois j'y suis resté toute la fin de semaine, m'a-t-il confié. Je croyais encore qu'elle était cinglée, mais une partie d'elle a réussi à parler à mon cœur. Je suis resté avec elle jusqu'à son départ en 1992. »

La méthode de Morrnah basée sur l'intériorisation de Soi accomplit des miracles selon le Dr Hew Len et selon bien d'autres. Pour une raison ou pour une autre, ses prières effacent les mémoires et les programmes simplement en les énonçant. J'avais le désir d'apprendre cette prière et je savais que je ne me reposerais pas tant que je ne l'aurais pas apprise.

Morrnah a fait allusion à sa méthode dans un article qu'elle a écrit pour le livre *I am a Winner*[1]. « Depuis

---
1. Morrnah SIMEONA et autres, *I am a Winner*, Los Angeles, David Rejl, 1984.

que j'ai deux ans, j'utilise un vieux système dont j'ai retapé le processus tout en conservant *l'essence* de la *sagesse ancienne*. »

Dans son petit livre *The Easier Way*[1], Mabel Katz dit : « Ho'oponopono est un processus de pardon, de repentir et de transformation. Chaque fois que nous utilisons l'un de ses outils, nous prenons la responsabilité à cent pour cent et nous demandons pardon (pour nous-mêmes). Nous apprenons que tout ce qui se produit dans nos vies n'est qu'une projection de nos programmes. »

Je me demandais quelles étaient les différences entre la mise à jour de la méthode Identité de Soi Ho'oponopono de Morrnah et le traditionnel Ho'oponopono. Le Dr Hew Len me l'a expliqué comme suit :

Identité de Soi par Ho'oponopono	Ho'oponopono traditionnel
1. La résolution de problèmes est intra-personnelle.	1. La résolution de problèmes est interpersonnelle.
2. Seulement « vous » et votre « Moi » sont concernés.	2. Durant une session, un membre d'expérience médite sur la résolution de problèmes avec tous les participants.
3. Il n'y a que vous qui assistez à la session.	3. Toutes les personnes concernées par le problème doivent assister à la session.

---

[1]. Mabel Katz, *The Easiest Way*, Woodland Hills, CA, Your Business Press, 2004.

4. Le repentir du Moi.	4. Chacun des participants doit se repentir face à tous les autres durant la méditation du membre d'expérience afin que les participants ne se disputent pas.
5. Le pardon du Moi.	5. Chacun des participants doit demander pardon aux autres.

Dans la méthode traditionnelle Ho'oponopono, le membre d'expérience, formé pour résoudre des dynamiques de problèmes, est responsable de veiller à ce que tout le monde exprime sa vision du problème. Il y a toujours une zone d'argumentation dans le traditionnel Ho'oponopono parce que chaque participant voit le problème différemment. Je reconnais aimer davantage le tout nouveau processus puisque tout se passe à l'intérieur de la personne. Nous n'avons besoin de personne d'autre. Cela m'apparaît beaucoup plus signifiant ainsi. Depuis que j'ai commencé à étudier les principes de base jungiens auprès d'enseignants tel l'auteur à succès Debbie Ford[1] (*La Part d'ombre du chercheur de lumière*), j'ai compris que le changement s'effectue en nous et non dans notre environnement ou chez les autres.

« Ainsi, grâce à la mise à jour du processus Ho'oponopono, poursuivit le Dr Hew Len, Morrnah a été guidée afin d'y ajouter les trois parties du soi qui sont les clés de l'Identité de Soi. Ces trois parties – existant dans toute particule de la réalité – sont appelées *Unihipili* (enfant-subconscient), le *Uhane* (mère-conscient) et le

---

1. Debbie FORD, *La Part d'ombre du chercheur de lumière : recouvrez votre pouvoir, votre créativité, votre éclat et vos rêves*, Montréal, Du Roseau, 2003.

Aumakua (père-supraconscient). Quand cette famille intérieure est centrée, la personne est en harmonie avec la Divinité. Dans cet équilibre, la vie commence à affluer. Donc, Ho'oponopono aide à rééquilibrer l'individu en premier et, ensuite, toute la création. »

« L'intellect qui travaille seul ne peut résoudre ces problèmes parce que ce dernier ne peut seulement que les gérer. Gérer les choses ne constitue pas une manière de les résoudre. Ce que vous souhaitez, c'est de les laisser aller ! Ce qui se produit quand vous utilisez Ho'oponopono, c'est que la Divinité s'occupe des pensées douloureuses, les neutralise ou les purifie. Vous ne purifiez pas la personne, l'endroit ou la chose. Vous neutralisez les énergies liées à cette personne, cet endroit ou cette chose. Ainsi, la première étape de Ho'oponopono est la purification des énergies.

« Alors, quelque chose de merveilleux se produit. Non seulement cette énergie est neutralisée ; mais elle est également libérée et un tout nouveau tableau se dessine. Les bouddhistes appellent cela le vide. Pour terminer, il ne reste qu'à permettre à la Divinité de venir remplir ce vide de lumière. »

Pour utiliser Ho'oponopono, il n'est pas nécessaire de connaître le problème ou l'erreur. Il vous suffit de remarquer tout problème que vous expérimentez, qu'il soit physique, mental ou émotionnel. Une fois ce problème noté, votre responsabilité est de commencer à nettoyer en disant : « Je suis désolé », « Pardonne-moi, s'il te plaît ».

À force de faire des recherches au sujet de Morrnah et de ses entrevues, j'ai finalement mis la main sur la prière de guérison qu'elle récitait seule ou en présence de la personne qui demandait son aide. Cette invocation se lit comme suit :

Créateur Divin, Père, Mère et fils qui ne font qu'un, si moi, ma famille, mes proches ou mes ancêtres vous ont offensé ou ont offensé votre famille, vos proches ou vos ancêtres en pensées, en mots, en actes et en actions depuis le début de la création jusqu'à aujourd'hui, nous implorons votre pardon. Puisse tout cela être nettoyé, purifié et libéré. Que tous les blocages, les mémoires, les énergies et les vibrations négatifs soient coupés. Puissent toutes ces énergies indésirables être transmutées en pure lumière. Ainsi soit-il.

Je pouvais voir que tout cela était basé sur le pardon, mais je n'étais pas certain de comprendre comment cela pouvait débloquer la guérison à l'intérieur d'une personne. Apparemment, Morrnah et maintenant le Dr Hew Len sentaient qu'en demandant pardon, nous nettoyions la voie afin que la guérison puisse avoir lieu. Ce qui bloque notre état de bien-être n'est rien d'autre que le manque d'amour. Le pardon ouvre la porte pour lui permettre d'entrer de nouveau.

Tout cela était fascinant. J'étais incertain de la manière dont Ho'oponopono pouvait m'aider à guérir, moi ou des malades mentaux. Mais je continuais à écouter. Le Dr Hew Len a ensuite continué en disant que nous avions à devenir cent pour cent responsables de notre vie – sans exception, sans excuse et sans échappatoire.

« Peux-tu imaginer si nous étions tous cent pour cent responsables, s'est-il exclamé ! Il y a dix ans, j'ai conclu un marché avec moi-même selon lequel je m'offrirais un sundae au chocolat fondant – si gros qu'il me rendrait malade – si j'arrivais à passer une journée sans juger quelqu'un. Je n'ai jamais été capable d'y parvenir. Bien que je ne tienne pas une journée entière, je suis plus souvent attentif. »

Bien ! Je venais de découvrir qu'il était humain. De mon côté, je ne suis pas blanc comme neige non plus.

Bien que j'aie fait beaucoup de travail intérieur, je suis encore dérangé par des gens ou des situations que je souhaiterais différents. Je suis en mesure d'être définitivement plus tolérant au sujet de la plupart des choses qui arrivent dans ma vie, mais je suis encore bien loin d'aimer totalement chacune de ces situations.

« Alors, m'a-t-il dit, comment puis-je obtenir ce résultat chez les gens – puisque nous sommes tous cent pour cent responsables des problèmes ? Si vous désirez résoudre un problème, travaillez sur vous-même. Par exemple, si le problème se produit avec une autre personne, demandez-vous seulement ce qui se passe avec vous pour que cette personne vous dérange ? Les gens passent dans notre vie uniquement pour nous embêter. En sachant cela, vous pouvez édifier toute situation. Comment ? C'est simple, dites : Je suis désolé de ce qui arrive. S'il te plaît, pardonne-moi. »

« Si vous êtes un massothérapeute ou un chiropraticien et qu'une personne vous consulte pour un mal de dos, a-t-il continué à expliquer, la question à poser est la suivante : Qu'est-ce qui se passe en moi qui embarrasse cette personne d'un mal de dos ? »

Cette manière de voir la vie constitue en elle-même un virage à quatre-vingt-dix degrés. Elle explique probablement en partie comment le Dr Hew Len a été capable de guérir tous ces malades mentaux criminels. Il n'a pas travaillé sur eux, il a travaillé sur lui-même.

Poursuivant ses explications, le Dr Hew Len a dit que sur le plan du cœur, nous sommes tous purs ; nous n'avons aucun programme ni aucune mémoire et même aucune inspiration. C'est l'état zéro. Là, il n'y a aucune limite. Au cours de notre vie, nous attrapons des programmes et des mémoires, un peu comme nous attrapons un rhume. Nous ne sommes pas vilains quand nous attrapons un rhume, mais nous devons faire ce qu'il faut pour le nettoyer. Il en est de même avec les programmes. Nous les attrapons. Quand nous observons un programme qui joue dans une autre personne, nous l'avons également. La seule façon de s'en sortir est de le nettoyer. Il en est de même avec les programmes.

Puis le Dr Hew Len a poursuivi : « À chaque instant, tout individu qui veut se sortir d'un problème ou d'une maladie doit se sentir cent pour cent responsable d'avoir créé cette situation dans sa vie. Dans l'ancien processus de guérison hawaïen Ho'oponopono, l'individu implore l'amour de rectifier les erreurs en lui. Vous dites : "Je suis désolé. Pardonne-moi, s'il te plaît, pour tout ce qui est en moi et qui se manifeste comme un problème à l'extérieur de moi." Ensuite, la responsabilité de l'amour est de transmuter ces erreurs intérieures qui causent le problème. »

Il a ajouté : « Selon Ho'oponopono, un problème n'est pas une épreuve, mais une possibilité. Les problèmes ne représentent que des reprises des mémoires du passé qui nous sont montrées afin de nous donner une chance supplémentaire de voir avec les yeux de l'amour et d'agir avec inspiration. »

Ici aussi, il m'est encore interdit de partager les renseignements privés de la session de travail. Je suis sérieux. J'ai même signé une entente de non-divulgation. Celle-ci portait principalement sur la protection de la vie privée des participants. Toutefois, il m'est permis de dire que tout ce que nous avons abordé parlait de la responsabilité entière de notre vie.

Je sais que vous avez déjà entendu parler de cela auparavant. Moi aussi d'ailleurs. Cependant, nous ne l'avions pas abordé dans toute la portée profonde de l'enseignement offert dans cette session de travail. L'entière responsabilité signifie l'acceptation de tout ce qui est – même des personnes qui font partie de notre vie, de leurs problèmes aussi, parce que leurs problèmes sont également les nôtres. Ils sont dans notre vie, alors il est nécessaire également de prendre la responsabilité totale pour tout ce que ces personnes vivent aussi. (Relisez ce passage. C'est un défi que je vous lance !)

Voilà un concept qui tord un esprit ouvert et qui donne des crampes au cerveau. Pour la majorité d'entre nous, saisir l'idée de la responsabilité entière va pratiquement au-delà de ce que nous pouvons faire, alors bien peu de personnes sont prêtes à l'accepter.

Cependant, une fois que nous l'avons acceptée, la question qui vient tout de suite après est de savoir comment nous pouvons nous transformer nous-mêmes pour que le reste du monde change également.

La seule manière éprouvée pour y parvenir est : « Je t'aime. » Cela représente le code qui déverrouille le processus de guérison. Ce code ne s'utilise que sur nous et non pas sur les autres. Souvenons-nous que leurs problèmes sont les nôtres, ainsi, travailler sur les autres ne nous aidera pas. Les autres n'ont pas besoin de guérir, mais nous, oui. Il faut nous guérir nous-mêmes. Nous sommes la source de toutes nos expériences.

Voilà l'essence du processus Ho'oponopono remis à jour. Allez digérer tout cela un moment. Pendant ce temps, de mon côté, je vais simplement continuer à dire : Je t'aime.

Agir soit par inspiration soit à cause des mémoires demeure le point capital de cette fin de semaine de formation. La mémoire réfléchit ; l'inspiration permet. La plupart d'entre nous vivent de mémoires. Nous sommes inconscients de leur présence essentiellement parce que nous sommes inconscients, voilà tout.

Grâce à cette vision du monde, du haut du ciel, le Divin fait descendre un message dans notre esprit. Toutefois, s'il y a des mémoires qui jouent – ce qui se produit presque tout le temps – nous ne pouvons entendre ce message et encore moins le mettre en application. En conséquence, la Divinité ne peut se faire entendre. Nous sommes trop occupés avec la rumeur qui gronde dans notre tête pour pouvoir l'entendre.

Le Dr Hew Len a dessiné quelques croquis pour illustrer sa pensée (voir le diagramme à la page suivante). Le Dr Hew Len dit que le triangle nous représente en tant qu'individu. Au centre, il n'y a que la Divinité qui soit. C'est l'état zéro, là où il y a zéro limite.

Grâce à la Divinité, nous recevons l'inspiration. Toute inspiration provient de la Divinité ; par contre, une mémoire, quant à elle, provient d'un programme dans l'inconscient collectif de l'humanité. Un programme s'apparente à une croyance, à une programmation que nous partageons avec les autres quand nous pouvons la reconnaître en eux. Notre défi consiste à effacer tous les programmes afin de revenir à l'état zéro où l'inspiration peut naître.

Le Dr Hew Len a passé beaucoup de temps à expliquer que les mémoires sont partagées. Si nous observons quelque chose que nous n'aimons pas chez l'autre, nous l'avons aussi en nous. Notre travail consiste alors à le nettoyer en nous. De la sortre, il sera aussi nettoyé chez l'autre. En fait, éventuellement, il quittera aussi le monde.

« L'un des programmes les plus présents dans le monde est la haine des femmes envers les hommes, a lancé le Dr Hew Len. Je poursuis le nettoyage, un peu comme on enlève les mauvaises herbes dans un grand champ en friche. Chaque mauvaise herbe représente une partie du programme. Il s'agit d'une haine très profonde des femmes envers les hommes. Nous devons utiliser l'amour pour qu'elle disparaisse. »

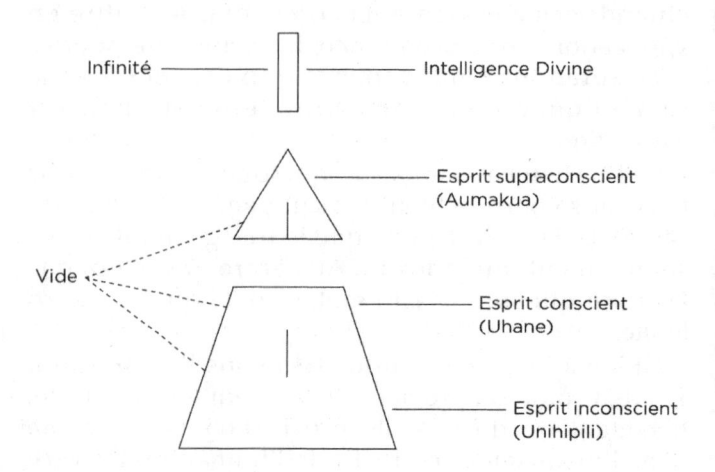

```
Infinité ——————— ☐ ——————— Intelligence Divine

                    △
                              ——— Esprit supraconscient
                                  (Aumakua)
Vide ⇠┄┄┄┄┄
                    ▱
                              ——— Esprit conscient
                                  (Uhane)

                              ——— Esprit inconscient
                                  (Unihipili)
```

Je ne comprenais pas très bien tout cela. Ce croquis ressemblait à un autre modèle ou à une autre carte du monde. Chaque psychologue, chaque philosophe et chaque religion possède le sien. Celui-ci m'intéressait davantage, car il semblait pouvoir guérir la planète entière. Après tout, si le Dr Hew Len avait pu guérir une aile entière de malades mentaux criminels, tout pouvait être possible !

Le Dr Hew Len nous a fait remarquer que Ho'oponopono n'est pas facile. Il est nécessaire de s'investir. « Il ne s'agit pas vraiment d'une approche à la McDonald's, a-t-il dit. Ce n'est pas non plus un comptoir de fast-food où vous emportez votre commande. Dieu n'est pas un livreur. Il faut constamment garder l'accent sur le nettoyage, encore et encore le nettoyage. »

Puis il nous a raconté l'histoire de quelques personnes qui ont utilisé la méthode de nettoyage pour faire ce que plusieurs auraient pu penser être impossible. Entre autres, il y avait cette ingénieure de la NASA qui s'est adressée à lui au sujet d'un problème éprouvé par l'une de leurs fusées.

« À partir du moment où elle s'est adressée à moi, je savais que je faisais partie du problème et je l'ai assumé. » Le Dr Hew Len a poursuivi l'explication en disant : « Alors, j'ai nettoyé. J'ai dit : "Je suis désolé" à la fusée. Plus tard, lorsque cette ingénieure est revenue me voir, elle m'a dit que le problème de la fusée s'était d'une quelconque manière corrigé tout seul durant le vol. »

Est-ce que le nettoyage Ho'oponopono a influencé la fusée ? Le Dr Hew Len et l'ingénieure le pensent. J'ai parlé avec cette ingénieure et elle affirme que la fusée n'a pu se corriger d'elle-même. De mon point de vue, quelque chose d'autre, de la nature d'un miracle, avait dû se produire. Pour elle, l'aide du Dr Hew Len avait nettoyé le problème.

J'ai peine à croire cette histoire, mais je dois admettre que je n'ai aucune autre explication à son sujet.

Durant une pause lors de la formation, un homme est venu me voir et m'a dit : « Il y a un célèbre stratège de marketing Internet qui porte le même nom que le vôtre. »

Je ne savais pas s'il blaguait, alors j'ai dit : « Vraiment ?

— Oui, il a écrit plusieurs livres et il écrit des textes sur le marketing spirituel et sur l'hypnose. C'est un gars génial.

— C'est moi », ai-je dit.

L'homme était très embarrassé. Mark Ryan qui a entendu toute la conversation a trouvé cela très drôle.

Cela n'avait aucune importance que les gens connaissent ou non ma célébrité sur Internet, mais je commençais à être connu dans cette formation. Le Dr Hew Len m'interpellait si souvent pendant cet événement que les gens pensaient que j'étais son protégé. Une personne m'a même demandé : « Êtes-vous apparenté avec le Dr Hew Len ? » J'ai répondu que non et j'ai demandé pourquoi elle pensait que je devais l'être. « Je ne sais pas ; il semble juste qu'il est centré sur vous. »

Je ne me suis jamais senti « protégé » dans le sens négatif du terme. J'ai toujours aimé l'attention et, dès lors, j'ai présumé dès le moment où le Dr Hew Len a su que j'écrivais des livres et que nous avions échangé sur Internet que cela allait m'aider personnellement. Je suis convaincu qu'une partie de lui savait que si j'arrivais à comprendre ce message de guérison, je serais ensuite en mesure d'aider de nombreuses personnes.

À ce moment, je ne savais pas encore qu'il avait été inspiré par le Divin à me former pour devenir un gourou. Toutefois, non pas un gourou pour le monde, mais un gourou pour moi-même.

Je t'aime

Vous ne pouvez nier quelque chose qui est parfait, entier, complet et bon pour vous quand vous êtes dans votre Moi en premier. En étant dans votre Moi en premier lieu, vous expérimentez la perfection des pensées, des mots, des actes et des actions à la manière du Divin. En permettant à vos pensées toxiques d'être en premier, vous expérimenterez automatiquement l'imperfection à la manière du désastre, de la confusion, du ressentiment, de la dépression, du jugement et de la pauvreté.

Dr Ihaleakala Hew Len

J'ai intégré le message du Dr Hew Len du mieux que j'ai pu, mais il y avait encore tellement plus que je voulais savoir et que j'avais besoin d'apprendre. Telle une éponge, j'ai toujours été bon pour prendre les idées et les laisser entrer en moi en étant simplement réceptif. Lorsque je me suis assis à ce premier séminaire, j'avais le sentiment que mon unique travail dans la vie était de dire « Je t'aime » à tout ce qui se présentait sur ma route, que cela soit bon ou pas. Plus je pouvais dissoudre les programmes limitants que je voyais ou ressentais, plus je pouvais retrouver l'état zéro limite et procurer la paix sur la planète grâce à la mienne.

Mark, quant à lui, avait un peu plus de difficulté à comprendre le message du séminaire. Il persistait à vouloir l'ordonner dans un cadre logique. Pour ma part, c'était clair que l'esprit n'avait aucune idée de ce qui se passait, alors en cherchant une explication logique, il courait droit à l'échec.

À maintes reprises, le Dr Hew Len a insisté pour dire qu'à chaque instant, le conscient ne peut capter que quinze parcelles d'informations, alors qu'il en passe quinze millions. Nous n'avons aucune chance de comprendre tous les éléments qui se jouent dans notre vie.

Il faut admettre que beaucoup de ces informations paraissent folles. À un moment donné, dans la formation, un homme a affirmé qu'il voyait un portail ouvert dans le mur et que des personnes décédées traversaient en flottant.

« Savez-vous pourquoi vous voyez cela ? demande le Dr Hew Len.

— Parce que nous avons parlé d'esprits précédemment, lance quelqu'un.

— Exactement, acquiesce le Dr Hew Len. Vous les avez attirés en parlant d'eux. Vous n'avez pas besoin de voir dans les autres mondes. Vous avez suffisamment à faire en restant dans le moment présent dans ce monde. »

Je n'ai jamais vu de fantômes. Je ne savais quoi faire de ceux qui en voyaient. J'ai bien aimé le film *Le Sixième Sens*, mais comme film. Je ne voulais surtout pas que les esprits se montrent et qu'ils me parlent.

Cependant, cela semblait tout à fait normal pour lui. Il a même raconté que lorsqu'il travaillait à l'asile, la nuit, il lui arrivait d'entendre la chasse d'eau des toilettes se tirer toute seule.

« L'endroit était rempli d'esprits, expliquait-il. Plusieurs patients sont décédés à l'asile dans les années passées, mais ces derniers ne savaient pas qu'ils étaient morts. Ils étaient encore là. »

Encore là à utiliser les toilettes ?

Apparemment !

Comme si cela n'était pas encore assez étrange, le Dr Hew Len a poursuivi ses explications en disant que si nous parlons à quelqu'un et que nous remarquons que ses yeux sont pratiquement tout blancs avec une pellicule vaporeuse sur les côtés, alors cette personne est possédée.

« N'essayez jamais de leur parler, nous conseilla-t-il. Il est préférable de vous nettoyer vous-même et de souhaiter que le nettoyage va éliminer la noirceur qui les envahit. »

Je suis pourtant assez ouvert d'esprit, mais cette discussion au sujet des esprits et des âmes possédées qui utilisaient les toilettes la nuit était un peu trop pour moi. Alors, je suis resté accroché à ce point. Il me tardait de connaître l'ultime secret de guérison pour pouvoir m'aider et aider les autres à vivre dans l'abondance, la santé et la joie. Cependant, je n'ai jamais cru qu'il me faille marcher dans le monde invisible et franchir la zone nébuleuse pour y parvenir.

Dans un autre moment du séminaire, nous étions étendus sur le plancher pour ouvrir notre corps à l'énergie. Le Dr Hew Len a attiré mon attention. « Quand je regarde cette personne, je vois toute la famine au Sri Lanka », m'a-t-il dit.

J'ai observé la dame et pourtant je n'y voyais qu'une femme étendue sur un tapis. « Nous avons tout à nettoyer », affirma-t-il.

En dépit de ma confusion, j'ai donné le meilleur de moi-même pour mettre en pratique ce que j'avais compris jusque-là. La chose la plus facile à faire était sans doute de répéter sans cesse « Je t'aime ». Alors je l'ai fait. Un soir, alors que je me suis rendu à la salle de bains, j'ai senti que je commençais à développer une infection urinaire. J'ai alors dit au Divin « Je t'aime » en ressentant cette infection. Puis je n'y ai plus repensé et, au petit matin, elle était partie.

J'ai continué de répéter « Je t'aime » sans me soucier si ce qui se présentait était bon, mauvais ou différent. J'essayais réellement de nettoyer le mieux possible tout ce qui était là dans le moment présent, que j'en sois conscient ou non. Laissez-moi vous en donner un bref exemple.

Un jour, quelqu'un m'a fait parvenir un courriel qui m'a choqué. Dans le passé, j'aurais réagi à cela en tentant de ne pas appuyer sur le bouton de panique émotionnelle qui venait de s'allumer ou en essayant de raisonner la personne qui m'avait fait parvenir ce message. Cette fois, j'ai décidé d'essayer la méthode du Dr Hew Len.

Intérieurement, j'ai prononcé « Je suis désolé » et « Je t'aime ». Je n'ai pas adressé ces affirmations à quelqu'un en particulier. J'ai simplement évoqué l'esprit de l'amour pour guérir intérieurement ce qui avait créé ou attiré cette circonstance extérieure.

Dans l'heure qui a suivi, j'ai reçu un deuxième courriel provenant du même destinataire. Il s'excusait pour le message précédent.

Il est important d'avoir à l'esprit que je n'ai rien fait à l'extérieur de moi pour recevoir ses excuses. Je ne lui ai même pas répondu. Ainsi, en disant « Je t'aime », d'une manière ou d'une autre, j'ai guéri le programme limitatif en moi auquel nous participions tous les deux.

Toutefois, faire ce processus ne signifie pas toujours des résultats instantanés. Le but n'est pas un résultat, mais plutôt la paix. Par contre, en le faisant, il arrive souvent que nous obtenions le résultat que nous souhaitions au départ.

Un jour, par exemple, un de mes employés m'a faussé compagnie. Il était supposé achever un travail pour un projet important qui devait être terminé de toute urgence. Non seulement il ne l'a pas achevé, mais il semblait avoir disparu de la planète.

Je n'ai pas très bien pris cette nouvelle. Même si je connaissais la méthode du Dr Hew Len, je trouvais cela difficile de dire « Je t'aime » alors que tout ce que j'avais envie de dire était « Je vais te tuer ». Chaque fois que je pensais à cet employé, la colère m'envahissait.

Tout de même, j'ai continué de répéter « Je t'aime », « S'il te plaît, pardonne-moi » et « Je suis désolé ». Ces paroles n'étaient pas adressées à quelqu'un en particulier. Je les prononçais juste pour les prononcer. Évidemment, j'étais loin d'éprouver de l'amour. Pour dire vrai, j'ai dû répéter le processus durant trois jours avant d'atteindre une zone proche de la paix intérieure en moi.

C'est alors que mon employé a refait surface.

Il était en prison. Il m'a téléphoné pour me demander de l'aide. Je lui en ai offert et j'ai récité de nouveau « Je t'aime » en continuant de faire affaire avec lui. Malgré le fait que je ne pouvais voir de résultats instantanés, le retour de ma paix intérieure était un résultat suffisant pour me rendre heureux. D'une certaine manière, mon employé l'a ressenti également. Voilà pourquoi il a demandé au geôlier la permission d'utiliser le téléphone et il m'a appelé. Grâce à cet appel, j'ai pu obtenir l'information dont j'avais besoin pour terminer mon projet urgent.

Durant la première session de travail Ho'oponopono offerte par le Dr Hew Len, à laquelle j'ai assisté, ce dernier a louangé mon livre *Le Facteur d'attraction*. Il m'a dit qu'en me nettoyant, les vibrations de mon livre s'élèveraient et que les lecteurs allaient le ressentir en le lisant. Bref, au fur et à mesure que j'allais m'améliorer, les lecteurs s'amélioreraient aussi.

Qu'adviendra-t-il des livres qui ont déjà été vendus ? lui ai-je demandé. En effet, mon livre était déjà classé parmi les « meilleurs vendeurs », il avait déjà été édité de nombreuses fois et il était même offert en format de poche. Je m'inquiétais donc au sujet de toutes les personnes qui avaient déjà lu mon livre.

« Ces livres ne sont pas "extérieurs", m'expliqua-t-il, en me faisant une fois de plus exploser les neurones avec sa sagesse rustique. Ils sont encore en toi. »

Bref, « l'extérieur » n'existe pas.

Il faudra un livre entier pour expliquer ce concept avancé dans toute sa profondeur – voilà pourquoi j'écris celui-ci avec le consentement du Dr Hew Len. Pour l'instant, il est suffisant de dire que peu importe ce que nous désirons améliorer dans notre vie, des finances jusqu'aux relations interpersonnelles, il n'y a qu'un point d'observation pour y parvenir : nous-mêmes.

Ce ne sont pas tous les participants à la session de travail qui ont saisi les propos du Dr Hew Len. Vers la fin de la dernière journée de formation, ils se sont mis à le bombarder de questions provenant du côté logique de leur esprit telles que :

« Comment mon nettoyage peut agir sur une autre personne ? »

« Où se situe le libre arbitre dans tout ça ? »

« Pourquoi sommes-nous attaqués par tant de terroristes ? »

Le Dr Hew Len était calme. Il semblait regarder droit vers moi alors que j'étais assis au fond de la salle. Il avait l'air frustré. Puisque l'ensemble de son message portait sur le fait qu'il n'y avait pas d'extérieur et que tout était en nous, il sentait probablement que le manque de compréhension des participants n'était en fait que le reflet de sa propre incompréhension. On aurait dit qu'il était sur le point de soupirer.

Tout ce que je pouvais alors me figurer, c'est qu'il devait être en train de se dire intérieurement : « Je suis désolé », « Je t'aime ».

J'ai remarqué que de nombreux participants à la formation portaient des noms hawaïens, malgré le fait qu'ils n'avaient pas l'air d'être hawaïens. Mark et moi nous sommes renseignés à ce sujet. On nous a alors dit que si nous en ressentions l'envie, le Dr Hew Len pouvait nous donner un nouveau nom. Le but derrière tout cela était d'être identifié à un nouveau Soi sur le chemin de l'abandon du Soi et de la fusion avec la Divinité au point zéro.

Je connaissais déjà la puissance qu'un nouveau nom pouvait avoir. En 1979, j'étais devenu Swami Anand Manjushri. C'est le nom qui m'a été offert par mon professeur de l'époque, Bhagwan Shree Rajneesh. À ce moment précis de ma vie où j'étais étouffé par mon passé, où je luttais contre la pauvreté et où je cherchais un sens à ma vie, ce nom m'a aidé à repartir à zéro. J'ai porté ce nom durant sept ans. Naturellement, je me suis demandé si le Dr Hew Len allait pouvoir ou vouloir me donner un nouveau nom.

J'en ai parlé au Dr Hew Len et il m'a dit qu'il allait vérifier avec la Divinité. Quand il serait inspiré, il me ferait part de ce qu'il aurait reçu. Environ un mois après le séminaire, il m'a écrit ceci :

Joe,
L'autre jour, j'ai vu un nuage apparaître dans mon esprit. Il a commencé à se transformer, tournant tout doucement en un jaune tendre, très tendre. Puis, il s'est ensuite étiré pour prendre la forme d'un enfant marchant dans un monde invisible. Le nom Ao Akua *a pieusement émergé. Aujourd'hui, j'ai reçu*

> *cette citation qui fait aussi partie de ce courriel : Ô Dieu qui m'as conféré la vie, qui me confères un cœur rempli de gratitude. Je vous souhaite la Paix au-delà de toute compréhension.*
> *Paix de Soi,*
>
> *Ihaleakala*

J'aime beaucoup ce nom, *Ao Akua*, mais je n'avais aucune idée de la manière de le prononcer. Alors je lui ai écrit de nouveau pour lui demander de l'aide. Voici sa réponse :

> *A représente le son de la lettre a dans le mot* father *(père).*
> *O est un son qui provient du mot* Oh.
> *K est le son qui provient du mot* kitchen *(cuisine).*
> *U est le son qui provient du mot* Blue *(bleu).*
> *Paix de Soi,*
> *Ihaleakala*

Je pouvais maintenant mieux comprendre et apprécier mon nouveau nom. Je ne l'ai jamais utilisé en public, seulement lorsque j'écrivais au Dr Hew Len. Toutefois, par la suite, lorsque j'ai construit mon blogue au www.JoeVitale.com, j'ai commencé à signer *Ao Akua*. Bien peu de gens m'ont questionné à ce sujet. J'adorais cela parce que c'était comme si je demandais à Dieu de nettoyer mon blogue en utilisant cette phrase qui signifiait, pour moi, une brèche dans les nuages permettant de voir Dieu.

Durant la session de formation, les mots *Je t'aime* avaient pris place, du moins temporairement, dans ma tête, mais je voulais encore en savoir plus. J'ai écrit au Dr Hew Len pour savoir s'il pouvait venir rencontrer un petit groupe d'amis au Texas pour s'entretenir à propos de Ho'oponopono. Voilà ce que j'avais prévu pour en obtenir davantage de sa part. Il s'envolerait jusqu'au Texas et il resterait avec moi. Pendant ce temps, je pourrais bénéficier de ses lumières pour voir ce qu'il sait et évidemment comment il a guéri cette aile entière de malades mentaux criminels. Le Dr Hew Len accepta mon invitation et me répondit ceci :

Joe,
Je te remercie de prendre le temps de m'inviter. Tu n'avais pas à le faire, mais tu l'as quand même fait. Je t'en suis reconnaissant.
À Austin, en février, lors de ma visite, j'aimerais te proposer une entrevue générale comme toile de fond, nous pourrions peut-être passer en revue les approches de résolutions de problèmes dont tu parles dans ton livre Adventures Within : Confession of an Inner World Journalist[1]. *Je constate que tu deviens beaucoup plus qu'un interviewer et que je deviens plus qu'un interviewé dans notre entente.*
La clarté est si importante dans la communication d'informations, quelle que soit la forme d'art utilisée pour l'exprimer. Par exemple, il y a beaucoup de confusion quand il s'agit de savoir ce qu'est le problème, beaucoup moins quant à sa cause. Comment quelqu'un peut-il résoudre un problème quand celui-ci n'est pas clair pour lui ? Où le problème peut-il être situé pour être traité ? Dans l'esprit ? Qu'est-ce que c'est ? Ou encore dans le corps, ce sur quoi la plupart des gens prennent leurs paris ? Les deux ? Peut-être que ni l'un ni l'autre de ces endroits n'est exact.
La question « Qui ou quoi résout le problème ? » demeure.

---
[1]. Joe VITALE, *Adventures Within : Confession of an Inner World Journalist*, Bloomington, IN, AuthorHouse, 2003.

> *Comme tu le mentionnes dans ton livre, il est difficile de tenir le jugement à l'écart même quand quelqu'un essaie de résoudre un problème en utilisant une méthode telle que l'option ou le forum. Est-ce que les jugements ou les croyances représentent réellement le problème ? Laissons donc le véritable problème s'élever pour voir.*
> *Ici, il ne s'agit pas de faire une entrevue au sujet du bien ou du mal, des bonnes ou des mauvaises méthodes ou concepts.*
> *L'entrevue pourrait seulement être une manière de débrouiller le brouillard récurrent. Toi et moi pourrions ainsi mieux servir si nous éclaircissons un tant soit peu les eaux.*
> *Évidemment, chaque instant a son propre rythme et ses vagues. En bout de ligne, comme Brutus le dit si bien dans la pièce* Jules César *de Shakespeare :* « *Nous devrons attendre jusqu'à la fin de la journée pour savoir comment cela va finir.* » *Il en est de même pour nous.*
> *J'aimerais savoir ce que tu penses de ma suggestion d'entrevue. Comme Brutus, je n'y suis pas totalement dédié en bout de ligne.*
> *Paix,*
>
> *Ihaleakala*

Rapidement, j'ai préparé un dîner privé entre le Dr Hew Len et moi. J'ai pensé que cinq ou six personnes pourraient y être intéressées également. Mais près de cent personnes ont manifesté leur intérêt. Soixante-quinze personnes ont payé pour réserver leur table afin de prendre part à ce magnifique repas.

J'ai été fort surpris lorsque le Dr Hew Len m'a demandé la liste de tous les participants à cette soirée. Il voulait procéder à leur nettoyage. Sans trop saisir ce qu'il voulait ainsi dire, je lui ai envoyé la liste. Il m'a écrit pour me dire :

> *Merci beaucoup pour la liste, Ao Akua.*
> *C'est seulement pour le nettoyage, une occasion de nettoyer les choses et d'être clair avec Dieu.*
>
> Vis donc mon âme, de ce que perd ton serviteur ;
> Laisse-le dépérir pour accroître ton bien ;
> Signe ton bail au ciel au prix de viles heures ;
> Au-dedans, sois nourrie et non riche au-dehors.
> Ainsi te nourrira la mort, nourrie des hommes,
> Et la mort enfin morte, nul n'a plus à mourir.
>
> *Que la paix soit avec toi*
>
> *Ihaleakala*

Aussitôt que je suis allé chercher le Dr Hew Len à son arrivée à Austin, il a commencé à me poser des questions à propos de la vie.

« Le livre que tu as écrit à ton sujet (se référant à : [*Les Aventures intérieures*]) démontre que tu as essayé une grande variété de choses pour trouver la paix, a-t-il commencé par dire. Laquelle fonctionne réellement ? »

J'y ai réfléchi puis je lui ai répondu que toutes étaient valables, mais la méthode Option était peut-être celle qui était la plus utile et la plus fiable. Je lui ai expliqué qu'il s'agit d'une méthode pour remettre en question les croyances afin de découvrir ce qui est réel.

« Quand tu t'interroges sur les croyances, qu'est-ce qu'il te reste ?

« Qu'est ce qu'il te reste ? répétai-je. – Il me reste la clarté à propos de mes choix.

— D'où provient cette clarté ? » me demanda-t-il.

Je ne savais pas trop où il voulait en venir.

« Pourquoi une personne peut-elle être riche et être tout de même imbécile ? » m'a-t-il soudainement demandé.

J'ai vraiment été pris par surprise par cette question. J'ai tenté d'expliquer que « riche » et « imbécile » peuvent aller ensemble. Il n'y a aucun écrit qui dicte que seuls les anges peuvent être riches. Peut-être que la personne odieuse n'est pas programmée au sujet de l'argent, alors elle peut être riche tout en étant un pauvre type. Sur le coup, je ne suis pas parvenu à trouver les bons mots.

« Je n'ai aucune idée, lui ai-je avoué. Je ne pense pas qu'il soit nécessaire de changer notre personnalité pour être riches. Il est seulement nécessaire d'avoir une croyance qui concerne la richesse.

— D'où proviennent ces croyances ? » demanda-t-il.

Après avoir suivi sa formation, j'en savais assez pour répondre qu'elles proviennent des programmes que les gens acquièrent durant leur vie.

Une fois de plus, il a changé de sujet en disant que j'étais vraiment un écrivain fascinant. Et il a poursuivi en m'entretenant sur l'idée du livre que je pourrais écrire sur Ho'oponopono.

« Es-tu prêt à écrire ce livre avec moi maintenant ? a-t-il dit.

— En parlant de cela, qu'allons-nous faire pour dîner ce soir ? le questionnai-je. J'ai toujours voulu contrôler la situation pour être certain que tout se passe bien et que les gens obtiennent ce qu'ils désirent.

— Je ne planifie jamais rien, me répondit-il. Je fais confiance à la Divinité.

— Mais allez-vous commencer à parler en premier ou bien est-ce que ce sera moi ou quoi d'autre ? Avez-vous une introduction que vous souhaiteriez que je lise pour vous ?

— Nous verrons, m'a-t-il dit. Ne planifie rien. »

Voilà qui m'a déstabilisé. J'aime savoir ce qu'on attend de moi. Le Dr Hew Len me poussait vers la noirceur. Ou peut-être bien vers la Lumière. Dès lors, je ne savais pas trop. Puis, cette fois, il a poursuivi en disant quelque chose de plus intelligent que mes connaissances :

« Dans chacun des moments de notre existence, ce dont nous, les humains, sommes inconscients est notre constante et incessante résistance à la vie, a-t-il commencé par dire. Cette résistance nous maintient dans un état constant et incessant de substitution par rapport à notre Identité de Soi, à notre liberté, à notre inspiration et par-dessus toute autre chose, au Divin Créateur lui-même. Plus simplement, nous sommes des substituts errant sans but dans le désert de notre esprit. Nous sommes incapables de tenir compte de la leçon de Jésus-Christ : "Ne résistez pas." Nous ne sommes pas plus conscients d'un autre enseignement. "La paix commence en moi." La résistance nous maintient dans un état d'anxiété constant et de pauvreté spirituelle, mentale, physique et matérielle, ajouta-t-il. Contrairement à Shakespeare, nous sommes inconscients d'être dans un état de résistance constant au lieu d'accueillir le mouvement. Pour chaque parcelle de conscience que nous expérimentons, il existe des millions de parcelles qui demeurent inconscientes. Et celle qui est la plus utilisée est habituellement notre salut. »

Voilà qui laissait présager une soirée fascinante.

Il m'a demandé de voir la salle où se déroulerait le dîner. Il s'agissait d'une immense salle de bal située au dernier étage d'un hôtel du centre-ville d'Austin, au Texas. La direction fut courtoise et nous a laissé la visiter. Le Dr Hew Len souhaitait que nous y demeurions seuls un moment. La personne en charge de la direction a accepté et elle est partie.

« Que remarques-tu ? » m'a-t-il alors demandé.

J'ai fait le tour et j'ai dit : « Le tapis a besoin d'être nettoyé.

— Quelles sont tes impressions ? demanda-t-il. Il n'y en a pas de bonnes ni de mauvaises. Tes impressions peuvent différer des miennes. »

Je me suis permis de relaxer et de me centrer sur le moment présent. Soudain, j'ai ressenti beaucoup d'agitation, de fatigue, de noirceur. Je n'étais pas certain de ce que c'était ou de ce que cela voulait dire, mais je l'ai exprimé au Dr Hew Len.

« Cette salle est fatiguée, expliqua-t-il. Les gens vont et viennent sans jamais prendre le temps de l'aimer. »

Voilà qui me semblait un peu étrange. Une salle qui est comparée à une personne ? Elle éprouverait des sentiments ?

Eh bien, vous m'en direz tant.

« Cette salle dit qu'elle s'appelle Sheila. »

Sheila ? C'est le nom de la salle ?

« Sheila désire savoir si nous l'apprécions. »

Je me demandais bien quoi répondre à cela.

« Il est nécessaire de demander la permission de tenir notre soirée ici, affirma le Dr Hew Len. Alors, je vais demander à Sheila si elle est d'accord.

— Qu'a-t-elle répondu ? demandai-je en me sentant un peu ridicule de poser cette question.

— Elle dit que c'est d'accord.

— Bien, c'est parfait », répliquai-je, tout en me remémorant que l'acompte donné pour la salle n'était pas remboursable.

Le Dr Hew Len a poursuivi ses explications : « Un jour, j'étais dans un auditorium prêt à faire une conférence quand je me suis mis à parler aux chaises. J'ai demandé : Ai-je oublié quelqu'un ? Y a-t-il quelqu'un qui a besoin de mon aide pour résoudre un problème ? Une des chaises a dit : "Tu sais, aujourd'hui, durant le précédent séminaire, un homme qui était assis sur moi avait de gros problèmes financiers, et depuis je me sens à plat." Alors, j'ai nettoyé en ayant ce problème à l'esprit et je pouvais voir la chaise se redresser. Puis, j'ai entendu : "C'est bien, je suis prête à recevoir la prochaine personne". »

Il parle aux objets maintenant ?

Je ne sais pas pourquoi, mais je suis tout de même resté réceptif pour écouter la suite du procédé inusuel. Il a alors confirmé ses explications :

« Actuellement, ce que j'essaie de faire est d'enseigner à la salle. Je dis à celle-ci et à tout ce qui s'y trouve : Voulez-vous apprendre à pratiquer Ho'oponopono ? Après tout, je vais repartir bientôt. Ne serait-il pas intéressant pour vous de pouvoir faire ce travail par vous-même ? Quelques-uns ont dit oui, d'autres ont dit non et certains ont dit : "Je suis trop fatigué !" »

Je me suis souvenu que plusieurs cultures anciennes considéraient toute chose comme vivante. Dans le livre *Clearing*[1], Jim PathFinder Ewing explique qu'il y a souvent des énergies qui sont bloquées dans les lieux. Alors, il ne devrait pas être trop insensé d'imaginer que les salles et les chaises puissent avoir des sentiments. Évidemment, il s'agit là d'une manière de penser hallucinante. Si la physique a raison, toute la matière solide que nous voyons n'est rien d'autre que de l'énergie, alors parler aux salles et aux chaises doit seulement être une façon de réorganiser cette énergie dans une nouvelle forme, plus pure.

Mais obtenir une réponse des salles et des chaises ?

Je n'étais absolument pas prêt à y croire sur-le-champ. À la fenêtre, le Dr Hew Len regardait dehors la ligne d'horizon du centre-ville. Les immenses

---

1. Jim PathFinder EWING, *Clearing : A Guide to Liberating Energies Trapped in Buildings and Lands*, Findhorn, Scotland, Findhorn Press, 2006.

immeubles, le Capitole et l'horizon me semblaient magnifiques.

Mais pas aux yeux du Dr Hew Len.

« Je vois des pierres tombales, a-t-il dit. La mort remplit cette ville. »

J'ai regardé par la fenêtre. Je n'y voyais aucune pierre tombale. Ni la mort. Je voyais une ville. Ici, encore, j'assistais à une démonstration du Dr Hew Len qui utilisait les deux côtés de son cerveau en même temps, ce qui lui permettait de voir les structures comme des métaphores et de communiquer avec cette vision d'elles. Pas moi, cependant ! Je dormais seulement debout, les yeux grands ouverts.

Nous sommes demeurés environ trente minutes dans la salle de l'hôtel. Selon mes souvenirs, le Dr Hew Len a fait le tour de la salle en la nettoyant, en demandant pardon, en aimant Sheila, en nettoyant, nettoyant, nettoyant.

À un moment donné, il a passé un coup de fil. Il a dit à son interlocutrice où il se trouvait, lui a décrit l'endroit et lui a demandé ses impressions. Il a ainsi semblé recevoir la confirmation de ses propres impressions. Après quoi, il a raccroché, nous nous sommes assis à une table et nous avons discuté.

« Mon amie m'a dit que cette salle nous laisserait venir dîner ici tant que nous l'aimerions », a-t-il commencé à dire.

Comment pouvons-nous l'aimer ?

« Simplement en lui disant : Je t'aime », a-t-il répondu.

Cela paraissait ridicule. Dire « Je t'aime » à une salle ? Cependant, j'ai fait de mon mieux. Précédemment, j'avais appris qu'il n'est pas nécessaire au départ de ressentir « Je t'aime » pour que cela fonctionne ; il faut seulement le dire. Alors, je l'ai dit. Après l'avoir dit quelquefois, nous commencions à le ressentir.

Après quelques minutes de silence, le Dr Hew Len a parlé encore avec sagesse :

« Tout ce que nous portons individuellement, les mémoires ou les inspirations, a un impact immédiat et absolu, tant sur les humains que sur les minéraux, les végétaux et sur le règne animal, a-t-il dit. Quand une mémoire est libérée d'un esprit subconscient jusqu'au point zéro par la Divinité, elle est également libérée dans tous les esprits subconscients – dans tous ceux-là ! »

Il a pris une pause avant de poursuivre.

« Alors, ce qui se passe dans ton esprit, Joseph, se produit également dans tous les esprits en même temps. Que c'est merveilleux de réaliser cela ! Cependant, le plus merveilleux est d'être conscient de la possibilité que tu as de recourir au Divin Créateur pour transmuter ces mémoires dans ton subconscient jusqu'à l'état zéro et les remplacer dans ton âme et dans toutes les autres âmes par des pensées, des mots, des actes et des actions de la Divinité. »

Comment répondre à cela ?

La seule pensée qui m'est alors venue fut : Je t'aime.

Un repas avec le Divin

La mise à jour Ho'oponopono, un processus de repentir, de pardon et de transmutation, est une demande adressée à l'Amour pour éliminer les énergies toxiques et les remplacer par sa propre essence. L'Amour accomplit tout cela en déversant son flux à travers l'esprit en commençant par l'esprit spirituel, le supraconscient. Puis elle continue à déverser son flux à travers l'esprit intellectuel, l'esprit conscient le libérant de toutes les énergies liées à la pensée. Enfin, elle se dirige vers l'esprit émotionnel, le subconscient, le libérant des émotions toxiques et le remplissant d'elle-même.

Dr Ihaleakala Hew LEN

Plus de soixante-dix personnes ont assisté au dîner privé offert par le Dr Hew Len et moi. J'ignorais que cet enseignant étonnant pouvait susciter autant d'intérêt. Certains ont pris l'avion d'Alaska, de New York ou d'autres endroits pour venir jusqu'à Austin. D'autres ont pris la route à partir d'Oklahoma. Je ne comprenais pas pourquoi ils étaient tous venus. Certains étaient curieux. D'autres étaient des partisans de mes livres, comme *Le Facteur d'attraction*, et ils souhaitaient faire un pas de plus avec moi.

Pour ma part, je ne savais toujours pas quoi dire. Je ne savais pas non plus par où commencer. Le Dr Hew Len, lui, semblait très à l'aise avec le courant. Il a mangé à une table et tout le monde était suspendu à ses lèvres.

L'expérience suivante vient de mon amie Cindy Cashman qui, soit dit en passant, projette d'être la première femme à se marier dans l'espace (www.firstspacewedding.com).

C'était le samedi 25 février 2006. Je suis allée au centre-ville d'Austin pour entendre la conférence du Dr Hew Len. J'étais assise près de lui durant le dîner. Son message portait sur la responsabilité à cent pour cent. À ce moment, j'ai été témoin d'un puissant changement d'énergie. À notre table, une femme ne cessait de blâmer un homme qui avait omis d'appeler à l'hôpital alors qu'elle faisait une crise d'asthme. Le Dr Hew Len a pris une pause puis a dit : « Tout ce qui m'intéresse, c'est vous et je viens d'entendre qu'il vous faut boire plus d'eau pour aider votre asthme. »

Son énergie s'est totalement transformée, passant du blâme à la gratitude. J'étais vraiment emballée d'avoir assisté à cette scène parce que j'avais remarqué mon discours intérieur qui la jugeait en disant : Cette femme est dans le blâme et que j'avais l'ardent désir de m'éloigner des gens qui blâment. Le Dr Hew Len a pris les énergies négatives et les a totalement transformées en énergies positives d'amour.

Ensuite, j'ai sorti ma bouteille d'eau. En pointant l'eau de l'hôtel, j'ai dit au Dr Hew Len : Leur eau n'est pas très bonne !

Et le Dr Hew Len m'a dit : « Réalisez-vous ce que vous venez de faire ? »

Quand il a dit ça, j'ai immédiatement compris que je venais d'envoyer des vibrations négatives dans l'eau.

Wow ! Une fois de plus, j'étais reconnaissante de devenir plus consciente de mes actions.

Il m'a ensuite expliqué comment il passait son temps à se nettoyer ; comme lorsque cette femme blâmait l'homme, le Dr Hew Len s'est demandé : « Que se passe-t-il en moi pour que cela se manifeste chez cette femme ? Comment puis-je être responsable à cent pour cent ? »

Il a remis cette énergie au Divin et il a dit : « Merci, je t'aime, je suis désolé. » Il a alors entendu le Divin dire : « Dis-lui de boire de l'eau. »

Il m'a aussi dit : « Je sais comment purifier, alors elle a reçu ce dont elle avait besoin et j'ai reçu aussi ce dont j'avais besoin. »

Il parle à Dieu et Dieu parle aux gens. Moi aussi, quand je serai purifiée, je verrai tout le monde tel que Dieu les voit.

J'ai demandé au Dr Hew Len si je pouvais prendre rendez-vous avec lui pour le rencontrer et il a dit non, car le Divin lui avait dit que je possédais déjà cette connaissance intérieure.

Il s'agissait là d'une belle confirmation pour moi. Globalement, voici ce que je retiens de cette soirée :

1. *Avoir été témoin de la transformation de l'énergie de la dame, passant de la complainte à la gratitude, effectuée par le Dr Hew Len.*
2. *Observer comment j'ai jugé la dame et l'eau.*
3. *Comprendre la méthode qu'il emploie pour se purifier et constater comment elle peut être puissante pour nous tous.*
4. *Me rappeler de dire plus souvent « Merci » et « Je t'aime ».*

J'ai commencé le dîner en expliquant spontanément comment j'avais entendu parler du mystérieux thérapeute qui avait guéri une aile entière de patients malades mentaux. J'ai ainsi obtenu l'attention de l'auditoire. Durant le discours que nous tenions, le Dr Hew Len et moi, j'ai invité les gens à poser des questions, un peu comme Socrate et Platon ont dit l'avoir fait, seulement, dans mon cas, je me sentais beaucoup plus comme Play-Doh[1] que Platon.

Le Dr Hew Len a commencé en disant : « Les gens posent des questions comme : "Eh bien ! Que dire au sujet des croyances ? Que dire au sujet des émotions ? Que dire au sujet de cette sorte de truc ?" Je ne m'occupe pas de toutes ces choses. Je ne m'occupe pas des conneries du genre : "Comment se fait-il que..." Mais il est évident que vous allez me poser ce genre de question, alors je dois m'en occuper. C'est un peu comme si je tendais le bras, que je touchais quelque chose et que je me brûlais. Immédiatement et très rapidement, je retirerais ma main. Même si cette chose est sur le point d'arriver et qu'elle arrive, j'ai déjà enlevé ma main en conséquence.

« Avant que j'entre dans cette salle – cette salle est sacrée –, je me suis assuré de lui parler. Je lui ai demandé son nom, parce qu'elle a un nom. Ensuite, je lui ai demandé si cela était convenable pour moi d'aller dans cette salle. Elle m'a dit que je pouvais entrer. Mais supposons que la salle ait dit : "Non, vous n'êtes qu'une espèce de merde – excusez mon langage." Alors, j'aurais pris le temps d'observer ce qui se passait en moi et de corriger ce qui devait l'être afin d'entrer dans la salle sous la bannière de la vieille maxime des médecins : Guéris-toi toi même. Ainsi, je m'assure de parvenir à la guérison, à la libération du problème, du moins à cet instant-là. »

Je l'ai interrompu pour préparer le terrain. J'ai voulu être certain que tout le monde connaissait le Dr Hew

---

1. Il s'agit d'une marque de pâte à modeler. *(N.d.T.)*

Len et la raison de sa présence avec nous. Le déroulement de la soirée était spontané et sans plan déterminé. J'ai conseillé à chacun des participants de se détendre et de garder l'esprit ouvert. Avec le Dr Hew Len, personne ne peut prédire ce qui sera dit ou fait.

Le Dr Hew Len a demandé aux gens pourquoi une personne peut être atteinte d'un cancer du sein. Personne n'a pu donner une réponse. Moi non plus, d'ailleurs ! Il nous a fait remarquer qu'à chaque instant, des millions de parcelles d'informations circulent autour de nous, mais que nous sommes conscients d'au plus une vingtaine à la fois. Voilà un thème récurrent avec lui ! Et il contient le point essentiel de son message : nous n'en avons pas la moindre idée.

« La science ne détient pas de certitude sur ce qui arrive dans votre vie, expliqua-t-il. Même les mathématiques demeurent incertaines lorsqu'il s'agit du zéro. » À la fin du livre *Zero : The Biography of a Dangerous Idea*[1] de Charles Seife, l'auteur termine en disant : « Ce que tous les scientifiques savent, c'est que le cosmos a été engendré à partir du vide et qu'il retournera d'où il est venu. L'Univers commence et se termine au point zéro. »

Le Dr Hew Len a poursuivi en disant : « Alors j'ai ramené l'Univers de mon esprit au point zéro. Là où il n'y a plus aucune information d'inscrite. Vous l'appelez aussi *vide*, *pureté*. Les mots importent peu. Mon esprit est maintenant revenu à zéro. Peu importe ce qui se passera, que j'en sois conscient ou non, car le processus dont je m'apprête à vous parler est un constant et incessant état zéro et, grâce à cela, je peux être à zéro. »

---

1. Charles Seife, *Zéro : La biographie d'une idée dangereuse*, Paris, Hachette, 2004.

J'observais que des gens étaient fascinés par le Dr Hew Len ; certains, tout comme moi, nageaient en pleine noirceur. Poursuivant ses explications, le Dr Hew Len a dit : « La création ne peut se manifester que lorsque votre esprit est à zéro, et on l'appelle *l'inspire*. Dans la langue hawaïenne, *l'inspire* est appelée *Ha*. »

« Alors, si vous n'êtes jamais allés à Hawaï, le mot *Ha* signifie "inspiration" *Wai* signifie "eau" et *i* le "Divin". *Hawaï* signifie donc le "souffle et l'eau du Divin". En lui-même, ce mot constitue un processus de nettoyage ; alors où que je sois, je prends le temps d'observer – par exemple, avant d'entrer dans une salle – et je dis : Qu'ai-je besoin de nettoyer ici que j'ignore ? Puisque je ne sais vraiment pas ce que je dois nettoyer, je le demande. En appliquant le procédé de nettoyage appelé *Hawaï*, je vais découvrir des informations dont je ne suis même pas conscient et revenir à zéro.

« Seulement au point zéro... Il importe de savoir que l'esprit peut avoir deux maîtres, mais qu'il ne peut en servir qu'un seul à la fois. Ou bien il servira ce qui se présente à votre esprit ou bien il servira l'inspiration. L'autre chose s'appelle *mémoire*. »

Tout cela devenait de plus en plus fascinant. À partir de là, le discours du Dr Hew Len s'est davantage approfondi.

« L'intelligence Divine est la source de l'inspiration et cette source est en vous. Elle est à nul endroit extérieur. Ce n'est pas un lieu où se rendre. Elle n'est pas non plus une personne à qui l'on s'adresse. Tout est déjà en vous. Le prochain niveau est appelé le supraconscient. Tout cela est très simple. Les Hawaïens l'appelaient *Aumakua*. *Au* signifie "à travers le temps et l'espace" et *makua* veut dire "esprit saint" ou "Dieu", exprimant ainsi qu'une part de nous est intemporelle et qu'une autre ne possède aucune limite. Ainsi, le supraconscient sait exactement ce qui se passe.

« Ensuite, vous êtes doté d'un esprit conscient ; les Hawaïens l'appelaient *Uhane*. Puis, vous avez le subconscient que les Hawaïens appellent *Unihipili*.

« Ainsi, la question la plus importante à conscientiser est : Qui suis-je ? Donc, ce que nous disons – ce que je partage en ce moment avec vous – est que ces éléments de l'esprit constituent notre identité. Dès lors, il est important de savoir que votre esprit est vide. En conséquence, que cet esprit est au point zéro. Alors qui êtes-vous ? Vous êtes Divin – voilà ce qu'est zéro. "Pourquoi désirer être au point zéro ?" Quand vous êtes à zéro, tout est accessible ! Tout ! Maintenant, cela signifie que, d'un côté, vous créez le vide et, de l'autre, l'infinité. Dès que vous êtes disposé à tout jeter à la poubelle, pour être complètement dépouillé, alors immédiatement l'inspiration commence à remplir votre être et vous êtes alors arrivé au bout de vos peines. Vous n'avez même pas à savoir que vos peines sont terminées et, la plupart du temps, vous ne le saurez pas. "Où est-ce ? Où est-ce ? J'ai été purifié ! Allez, dis-moi où est-ce ? Je vais travailler davantage." Majoritairement, vous ne le saurez pas !

« Quand l'intellect s'accroche dans un état de blocage, alors il s'enlise davantage ! Voilà ce que les Hawaïens appellent – pardonnez mon langage – *Kukai Pa'a*. Est-ce que quelqu'un peut me dire ce que signifie *Kukai Pa'a* ? Cela veut dire la constipation intellectuelle. »

Puis une personne a demandé : « Si j'ai un conflit avec quelqu'un, êtes-vous en train de dire que c'est moi, et non l'autre, qui a besoin d'être nettoyé ?

— Si vous avez un conflit avec quelqu'un, a répondu le Dr Hew Len, ce conflit n'est pas avec lui. » Puis il a déclaré : « Ce qui vous fait réagir ainsi provient d'une mémoire. Voilà avec quoi vous avez un conflit. Ce n'est pas avec l'autre personne.

« Maintenant, parlons des gens qui détestent leur mari ou leur femme. Une fois, une dame m'a dit : "Je crois que je vais m'en aller à New York. J'ai plus de chances ainsi". J'ai ensuite entendu la Divinité me dire : Bon, peu importe où elle ira, tout va la suivre. »

Le Dr Hew Len a ensuite expliqué que lorsqu'une personne le consulte pour une thérapie, il ne va pas voir ce qui se passe à l'intérieur de cette personne, mais il va voir en lui.

« Par exemple, j'ai récemment reçu un appel de la fille d'une dame âgée de quatre-vingt-douze ans. Elle m'a dit : "Depuis plusieurs semaines, ma mère éprouve de sévères douleurs à la hanche." Pendant qu'elle me parlait, j'ai demandé à la Divinité : "Qu'est-ce qui se passe en moi qui ait pu causer une telle douleur à cette femme ?" Puis j'ai demandé comment je pouvais corriger le problème en moi. Les réponses à ces deux questions me sont parvenues et j'ai suivi ce qui m'a alors été dit.

« Environ une semaine plus tard, la dame m'a de nouveau téléphoné et m'a dit : "Ma mère se porte mieux maintenant." Cela ne veut pas dire que le problème ne reviendra pas, car il y a souvent des causes multiples à ce qui nous semble être le même problème. Alors, je continue à travailler sur moi et non sur elle. »

De nouveau, une question a été posée par un homme au sujet de la guerre qui sévit outre-mer. Il désirait savoir s'il en était responsable. Plus précisément, il souhaitait savoir ce que le Dr Hew Len faisait par rapport à cela.

« Oh, je me considère responsable ! a déclaré le Dr Hew Len sans aucune hésitation. Je procède au nettoyage chaque jour, mais je ne peux pas dire que je vais directement la nettoyer et que je veux m'en occuper. Il n'y a que Dieu qui sache ce qui peut se produire. Moi, je fais ma part qui est de nettoyer, comme je l'ai fait à l'asile. Depuis, à Hawaï, il n'y a plus d'hôpital psychiatrique réservé aux meurtriers. Il n'y en a tout simplement plus ! J'ai fait ma part du mieux que j'ai pu. Peut-être que si j'avais nettoyé encore plus, les résultats auraient été encore meilleurs. Je suis humain et je fais de mon mieux. »

Je pouvais voir la fatigue s'emparer du Dr Hew Len et sentir qu'il souhaitait clore la soirée. Il avait été remarquable tout le long de la rencontre.

Mais la soirée ne s'arrêta pas là.

Le lendemain matin suivant ce souper-conférence, plusieurs personnes ont déjeuné ensemble, incluant le Dr Hew Len, Elizabeth Kaye McCall (auteure du livre *The Tao of Horses*[1]), quelques autres personnes et moi-même. Chaque fois que je suis en présence du Dr Hew Len, un calme intérieur m'envahit. Je ressens peut-être l'état zéro. Peut-être pas. Qui sait ?

À un certain moment, le Dr Hew Len a eu une soudaine inspiration à propos de la tenue d'un événement de fin de semaine qu'il a appelé *La fin de semaine de la manifestation*, ou quelque chose du genre. Je ne savais absolument pas d'où avait surgi cette idée. À tout le moins, je ne le savais pas à ce moment-là. Aujourd'hui, je sais qu'il s'agissait d'une inspiration de la Divinité. Après le repas, tout cela m'a semblé une bonne idée, mais je m'y refusais pourtant.

J'étais déjà très occupé dans différents projets, voyages, promotions, mise en forme, concours et autres. Je n'avais pas besoin d'une autre « chose à

---

[1]. Elizabeth Kaye McCall, *The Tao of Horses : Exploring How Horses Guide Us on Our Spiritual Path*, Avon, MA, Adams, 2004.

faire » sur ma liste. J'ai tenté de résister à l'idée. J'ai décidé d'attendre pour voir si elle finirait par s'en aller.

Ça n'a pas fonctionné. Trois jours plus tard, je l'avais toujours en tête. Le Dr Hew Len m'a dit que si une idée persiste après de nombreux nettoyages, il faut agir. Alors j'ai écrit ce qui allait devenir le courriel le plus pitoyable de toute ma vie et je l'ai expédié à tous les contacts de ma base de données. À mon plus grand étonnement, après seulement trois minutes, je recevais déjà une inscription pour l'événement. On aurait dit que cette femme était assise devant son ordinateur, attendant des nouvelles de ma part.

Toutes les autres inscriptions sont parvenues aussi aisément. Je voulais 25 personnes pour cet événement. C'était là la seule limitation que je m'étais imposée, simplement parce que je sentais qu'il me serait plus facile de parler devant 25 personnes que devant 2 500. En plus, je n'avais jamais donné ce séminaire auparavant. Je n'avais aucune idée de ce que j'allais y offrir.

J'ai fait part de mes préoccupations et de cette inspiration au Dr Hew Len.

Tout ce qu'il m'a répondu est : « Mon seul conseil est de ne rien planifier. »

— Mais je planifie toujours, lui ai-je expliqué. J'écris toutes mes allocutions, je prépare des diaporamas sur *PowerPoint* et j'ai des prospectus. Je me sens beaucoup mieux quand je sais comment mes propos s'alignent.

— Tu te sentiras encore mieux quand tu feras confiance à la Divinité pour prendre soin de toi, a-t-il riposté. Nous allons faire du nettoyage là-dessus », a-t-il dit.

Derrière ces mots, je comprenais qu'il voulait dire que cette situation faisait aussi partie de son expérience et cela signifiait qu'il avait besoin lui aussi de nettoyer. Une fois de plus, tout est partagé. Une fois que nous sommes conscients de cela, votre expérience devient mon expérience, et vice versa.

J'ai fait tout ce que j'ai pu pour ne pas planifier l'événement. À un moment donné, je me suis laissé aller à mes peurs et j'ai créé un manuel à distribuer aux participants. Toutefois, je ne l'ai pas utilisé et je ne l'ai même pas consulté. Personne n'y a porté attention.

J'ai commencé la session en disant : « Je n'ai absolument aucune idée de ce que nous ferons durant cette fin de semaine. »

Tout le monde a ri.

« Non, vraiment, ai-je dit. Je ne sais pas quoi dire. » Les gens ont encore ri.

Ensuite, j'ai commencé à décrire aux gens comment était le Dr Hew Len, qu'est-ce qu'était Ho'oponopono et toute la portée de la phrase « Vous créez votre propre réalité ».

« Quand quelqu'un que vous n'aimez pas est dans votre vie, leur ai-je expliqué, vous avez créé cette situation. Si vous créez votre propre réalité, vous créez ces gens également. »

La fin de semaine a été merveilleuse. Encore aujourd'hui, en regardant chaque personne sur la photo de groupe, je ressens l'amour que nous avons tous partagé. Vous pouvez voir cette photo sur www.BeyondManifestation.com

Et, bien sûr, l'aventure ne faisait que commencer pour moi.

J'avais encore tout à apprendre.

LA PREUVE

> *Vous devez entrer dans la noirceur pour pouvoir y apporter la lumière*[1].
>
> Debbie FORD

Plusieurs personnes ont fait de grandes découvertes lors du dîner ou lors de la fin de semaine de la manifestation. Dans ce chapitre, vous pourrez lire des histoires véridiques qui vous permettront de ressentir la puissance du processus Ho'oponopono.

Voici celle de Louis Green :

Cher Joe,
J'aimerais te remercier de nous avoir réunis, le Dr Hew Len et moi. Les remerciements sont aussi adressés à Suzanne pour avoir réglé tous les détails, incluant le dîner végétarien qu'elle a commandé chez Hyatt. J'ai vraiment apprécié être assis avec toi et Nerissa. J'ai ainsi pu mieux vous connaître, comme toutes les autres merveilleuses personnes à notre table.

---
1. Debbie FORD, *La Part d'ombre du chercheur de lumière : Recouvrez votre pouvoir, votre créativité, votre éclat et vos rêves*, Montréal, Du Roseau, 2003, 220 p.

109

Je me sens privilégié d'avoir été assis face au Dr Hew Len et d'avoir bénéficié de sa grâce et de sa générosité dans les conseils qu'il m'a donnés en répondant à mes questions.

Les deux semaines qui ont suivi cette soirée m'ont apporté plusieurs expériences étonnantes que je vais, avec joie, partager avec toi. Il y a une chose dont je me souviens particulièrement, c'est que le Dr Hew Len a demandé à la Divinité l'autorisation de m'aider, alors pendant que j'essayais d'appliquer Ho'oponopono aussi souvent que j'arrivais à m'en souvenir – ce qui s'est produit de temps à autre – j'ai profité de ses prières.

J'ai reçu la demande pour raconter une histoire au sujet du Dr Hew Len juste après avoir écouté l'enregistrement de la fin de semaine de la manifestation.

La première expérience dont je vais faire mention est ce courriel de Suzanne nous invitant à raconter les histoires et les réactions qui ont découlé de la soirée avec le Dr Hew Len. Chose intéressante, j'ai acheté le **Life's Missing Instruction Manual**[1] *et j'ai téléchargé l'enregistrement MP3 que tu as fait avec le Dr Hew Len. Je venais tout juste de terminer de l'écouter lorsque j'aperçu le courriel de Suzanne dans ma boîte de courriel.*

Un procès dont je m'occupais s'est fait connaître nationalement sans aucune publicité.

---

1. Joe VITALE, *Life's Missing Instruction Manual : The Guidebook You Should Have Been Given at Birth*, Hoboken, NJ, John Wiley & Sons, 2006.

La deuxième expérience est pratiquement incroyable. Avant d'aller à Austin le 23 février, j'avais une nouvelle cause à déposer à la cour. Je n'ai pas pu rassembler toutes les informations pour la poster à temps avant de partir. Alors, j'ai amené les documents et je les ai postés le lendemain matin, 24 février, à Austin. Inexplicablement, mes documents se sont perdus dans la poste et n'ont été déposés que le lundi 6 mars.

Il existe un service de référence d'avocats et de procureurs pour les consommateurs et j'en fais partie. Vendredi dernier, dans l'après-midi, une procureure du Connecticut m'a fait parvenir un sommaire d'un cas qui avait été intenté en Oklahoma dans le comté canadien[1] et elle m'a demandé si c'était l'un de mes collègues de Tulsa qui l'avait intenté. Je suis pratiquement tombé en bas de ma chaise en lisant ce courriel. C'était mon dossier. J'ai répondu à cette collègue et j'ai appelé à son bureau pour savoir comment elle avait eu vent de cette affaire. Ensuite, j'ai passé l'heure suivante à tenter de trouver quelque chose à ce sujet sur Google. Pas de chance.

Elle m'a informé par courriel en me disant qu'elle était abonnée à un service en ligne appelé Le Service de nouvelles de la cour (www.courthousenews.com) auprès duquel certains journalistes (probablement des taupes) surveillaient les requêtes et les jugements dans tout le pays pour ensuite rendre compte de tout développement important, signifiant ou simplement intrigant. Le synopsis d'un paragraphe[2] apparaissait en première

---

1. *Canadian County.* (N.d.T)
2. Yukon Chevrolet et Fifth Third Bank sont poursuivis pour fraude à la cour du comté canadien en Oklahoma par un homme aux capacités mentales limitées qui prétend avoir gagné un prix dans une annonce « grattez et gagnez » du Yukon. Quand il s'est présenté pour réclamer son prix, il a été contraint à une vente sous pression qui a duré cinq heures et il a été forcé d'acheter un nouveau camion. Le défendeur a refusé de le reprendre le lendemain.

page du site Web dans la colonne de droite et je n'avais envoyé aucune publicité pour ce cas. Ironiquement, le père de ce client avait visité mon bureau plus tôt dans la journée et j'ai dû le rassurer en lui disant qu'en mon for intérieur, je savais que nous avions un dossier étoffé à présenter au procès. Je n'en revenais pas de constater que parmi les milliers de poursuites qui sont intentées chaque jour, la mienne avait fait la manchette.

*Un dîner que j'ai organisé a attiré
une assistance record.*

Je suis membre du conseil d'administration d'un groupe végétarien local et notre rencontre mensuelle est habituellement le deuxième samedi du mois. En discutant avec la présidente au sujet de l'endroit pour la rencontre de mars, j'ai découvert que rien n'avait été réservé. J'ai donc eu le plaisir de me porter volontaire pour attraper cette balle. Le mardi 28 février, je me suis rendu au premier restaurant qui figurait sur ma liste et j'y ai appris que le propriétaire était à l'extérieur de la ville jusqu'au vendredi 3 mars. Toutefois, les employés lui ont laissé un message disant de me rappeler dès son retour en ville. Cette solution était cependant trop peu, trop tard.

Le jour suivant, mercredi le 1er mars, je suis allé dans un restaurant thaï qui venait d'ouvrir quelques mois auparavant. J'ai parlé avec le directeur et je lui ai demandé s'il pouvait offrir un buffet végétarien pour le dîner. En me fiant aux expériences passées, je lui ai dit qu'il y aurait au moins vingt personnes et qu'au mieux, il pourrait même y avoir plus de trente personnes. Tout cela a semblé lui convenir, mais il voulait que je lui donne un acompte de 100 $ pour s'assurer que si personne ne se pointait il ne subirait pas une perte avec la nourriture achetée spécifiquement pour l'occasion. J'ai *regardé le menu et j'y ai vu là une occasion incroyable : des sushis végétariens, de la soupe, quatre entrées, un dessert et le thé pour seulement 8 $. Avant de clore définitivement cette entente, le directeur m'a dit qu'il devait vérifier avec le propriétaire et que je devais lui faire un chèque pour couvrir l'acompte. Le 2 mars, tout était confirmé. J'ai rédigé cette brève annonce afin que le président puisse la mettre dans notre bulletin de nouvelles et l'ai envoyé par courriel :* **Le dîner aura lieu le samedi 11 mars. Prière de confirmer votre présence avant jeudi le 9 mars, dix-sept heures.**

Normalement, notre présidente envoie le bulletin de nouvelles quelques jours avant ou après le 1er du mois. La plupart des gens la reçoivent par courriel et d'autres par la poste habituelle. Elle l'envoie aussi à certains magasins d'aliments naturels de la région et à certaines librairies. Compte tenu des délais très serrés, la présidente n'avait pas le temps de sortir le bulletin et elle a tout simplement envoyé mon courriel comme annonce dans la soirée du 5 mars. Des cartes postales auraient dû être envoyées par la poste ordinaire le lundi, mais il n'y avait pas de service postal ce jour-là. Je commençais à croire que nous serions vraiment chanceux d'avoir nos vingt personnes pour le dîner.

Le lundi, les réservations ont commencé à entrer petit à petit. J'ai reçu des réponses de deux ou trois personnes. Quelques-unes de plus sont arrivées le mardi. J'ai alors pensé que nous aurions au moins les treize personnes que nous avions garanties par l'acompte. Cependant, le mercredi, les réponses ont afflué comme jamais. À la fin de la journée, nous étions plus de 37 personnes. Voilà maintenant que j'appréhendais une autre sorte de problème. J'ai téléphoné au directeur pour lui demander quelle était la capacité maximale du restaurant qui était de 65. Les réponses ont continué d'entrer jusqu'au jeudi et, à l'heure butoir, nous étions 55. Au travail, ce jour-là, je n'ai pas été très productif, car j'étais trop excité et j'allais sans cesse vérifier mes courriels (facteur d'attraction ?). J'ai appelé le directeur pour lui demander s'il pouvait s'occuper d'un tel groupe et il m'a dit : « Évidemment ».

Le jeudi soir, j'avais une formation en kabbale et je suis alors rentré à la maison après neuf heures. J'ai pris les messages téléphoniques et mes courriels et il y avait encore plusieurs réservations. Le compte grimpait à 67. Je me demandais sérieusement ce que nous allions faire avec le surplus de réservations. J'ai alors eu la brillante idée de demander aux retardataires s'ils pouvaient venir plus tard. D'autres réponses sont entrées vendredi et samedi. Nous avons atteint le nombre miraculeux de 75.

La soirée fut un succès prodigieux. Aucune des personnes qui avaient réservé n'a attendu même si quelques personnes qui n'avaient pas réservé – fait typique – se sont présentées par surcroît. L'énergie dans le restaurant était tout à fait impressionnante, à partir du moment où nous avons occupé toutes les places de l'endroit. Voilà que ce buffet thaï a fait une forte impression chez les nouveaux venus à nos rencontres. Certains anciens membres fondateurs qui sont présents depuis plus de dix ans ont dit qu'il s'agissait du record d'assistance pour une activité de végétariens en Oklahoma. L'idée d'étaler les heures des réservations durant la soirée a fonctionné à la perfection. Certains sont venus dîner et ils sont ensuite repartis pour d'autres activités à leur programme ce soir-là. Il y avait donc toujours des places disponibles pour ceux qui arrivaient plus tard. Naturellement, tout le personnel du restaurant était très heureux, car c'était la première fois qu'on y accueillait autant de personnes à la fois.

Le miracle de la voiture louée

J'ai loué une voiture pour me rendre à Austin, car je ne voulais pas user la mienne. J'ai comparé les prix et j'ai vu qu'il était préférable de la louer une semaine au lieu de la louer seulement du mercredi au lundi. En ligne, j'ai obtenu un bon prix sur la location d'une berline qui, à mon avis, était plus confortable qu'un break. Quand je suis arrivé à l'agence de location, il y avait très peu de voitures dans cette catégorie. Mais j'ai remarqué qu'il y avait deux Chevrolet HHR orange qui avaient une allure géniale de bolide modifié. Au comptoir, on m'a dit qu'il n'y avait plus de berline disponible. J'ai demandé s'il était possible de louer un HHR et on m'a dit que je pouvais, même si ce véhicule était classé parmi les véhicules luxueux selon certains critères. L'idée de conduire un bolide orange jusqu'à Austin me séduisait puisque cette couleur est arborée par l'université du Texas, mon alma mater.

Cependant, en la conduisant jusqu'à mon bureau, j'ai réalisé que malgré son allure chouette, cette voiture avait peu d'espace intérieur et une bien mauvaise visibilité. Je souhaitais donc la ramener. Toutefois, j'avais besoin d'une voiture pour me rendre au bureau et pour faire quelques courses. Je n'ai donc pas pu la retourner le jour même. Je me suis renseigné auprès de l'agence pour échanger la voiture contre une berline plus traditionnelle, mais, encore une fois, on m'a dit qu'aucune voiture de ce type n'était disponible et que j'aurais plus de chances le lendemain matin.

J'ai fait mes bagages dans la soirée et je les ai terminés le matin. Quand je suis sorti pour mettre ma valise dans le HHR, j'ai découvert avec stupeur qu'il y avait une bosse évidente sur la porte arrière. Comme je refuse toujours l'assurance supplémentaire et que je ne me souvenais pas du tout d'avoir vu cette bosse la veille, j'ai cru que je m'étais fait avoir. Je me suis dit que je ferais mieux de garder l'auto pour la semaine, le temps de trouver un sens à tout cela. Je suis finalement parti pour Austin beaucoup plus tard que prévu, soit vers midi et demi le jeudi et je suis arrivé à Austin vers dix-huit heures trente.

Passons rapidement au samedi soir, vers dix-sept heures, soit environ une heure avant d'aller rejoindre Joe et le Dr Hew Len à l'hôtel Hyatt. Je m'étais beaucoup inquiété à propos de la porte cabossée en me demandant ce que j'allais faire avec cela. Durant le voyage, je me suis arrêté dans un centre commercial au nord d'Austin pour acheter un appareil photo jetable, mais en vain. Retournant à ma voiture pour me rendre à mon hôtel, il commençait à faire nuit et une pluie constante tombait. Je me suis arrêté à un endroit pour me préparer à prendre une rue achalandée et j'ai soudain senti un claquement. L'arrière de la voiture venait d'être embouti. Je me suis dit instantanément : « Oh, merde ! D'abord, la porte cabossée et ensuite ça ! J'ai un dîner déjà payé dans une heure et je dois me doucher et me changer. » Par-dessus le marché, je me trouvais en pleine heure de pointe, un samedi soir. Je suis sorti du HHR après avoir attrapé les documents d'enregistrement de location. Un jeune homme de race noire m'attendait dans la rue. « Mes pneus, a-t-il dit. Il faut que je change de pneus. Je n'ai pas pu m'arrêter ». Pas vraiment une bonne chose à dire à un avocat, ai-je alors pensé. J'ai aussitôt répondu : « Merde, c'est une voiture louée ! » Nous sommes allés vers l'arrière de la voiture pour constater les dommages. Après avoir tous deux regardé, nous étions stupéfaits. « Il n'y a aucun dommage ! » s'exclama le jeune homme. « Il n'y a aucun dommage ! Jésus soit loué ! » Étant juif, j'ai trouvé cela fort amusant et j'ai regardé de nouveau ne pouvant y croire. Vraisemblablement, il avait raison – il n'y avait aucun dommage. Apparemment, la voiture était faite de plastique malléable. J'appréhendais d'être endolori après ce coup, mais ce qui m'importait le plus, c'était de m'en aller sans faire un plat avec cette affaire. Je voulais rentrer à l'hôtel. Nous nous sommes serré la main et nous avons repris chacun notre route. J'ai donc pu assister au dîner et m'asseoir à la table de Joe et de Nerissa.

À maintes reprises, j'ai utilisé consciencieusement Ho'oponopono pour trouver une solution à propos de la porte cabossée. J'ai repoussé le moment fatidique du retour de la voiture en faisant n'importe quoi d'autre jusqu'à ce qu'il ne reste que deux heures avant le délai limite pour la pénalité. Dans l'annuaire téléphonique, j'ai trouvé un endroit où l'on répare les voitures cabossées. L'employé m'a fait une estimation de 95 $, mais il lui fallait quelques heures pour effectuer cette réparation. Cela m'obligeait à assumer la pénalité de location et je ne le souhaitais vraiment pas. Je me suis alors demandé ce que je devais faire et la réponse a surgi très clairement : Sois honnête. Appelle l'agence de location et affronte la vérité. Si on souhaitait me coincer avec la réparation, au moins j'avais une estimation. J'ai donc appelé et l'employé m'a répondu de rapporter la voiture sans la faire réparer afin qu'il puisse vérifier les registres et faire la réparation. J'ai rapporté la voiture et je l'ai stationnée dans la zone des retours. La préposée à la clientèle a d'abord passé le code-barres au scanner et elle a fait le tour de la voiture. Je lui ai ensuite expliqué ce qui se passait et elle m'a envoyé au bureau. J'y ai trouvé l'homme à qui je m'étais adressé au téléphone ; il a entré le numéro d'identification du véhicule dans son ordinateur. Deuxième miracle : le dommage était déjà inscrit dans leur registre. Je n'en étais pas responsable. Tout était terminé.

Ma sœur se voit offrir l'emploi idéal

Une semaine après la rencontre avec le Dr Hew Len, ma sœur m'a téléphoné. Elle est vice-présidente d'une grande compagnie renommée. Un chasseur de têtes l'a jointe pour voir si elle pouvait être intéressée par un travail qu'elle décrit comme l'emploi idéal. Elle n'a rien voulu me dire au téléphone. À la place, elle m'a envoyé par courriel la description du poste. J'étais renversé ! Disons seulement que la compagnie possède une marque luxueuse et qui ne se reconnaît qu'en prononçant un seul mot : le nom de la compagnie, et ainsi vous comprendriez tout ce que j'essaie de vous dire à mots couverts. Elle a été embauchée quelques mois plus tard.

*
* *

Voici un autre témoignage :
En octobre 2006, pendant que j'assistais au séminaire Forum Landmark d'une durée de trois jours, la méthode rapide de guérison de Joe a littéralement interrompu mon flot de larmes. Le flot de larmes s'est produit durant l'exercice appelé « Être avec les gens » ou quelque chose du genre. Pour cet exercice, l'animateur a divisé les 74 personnes en 4 rangées. Ensuite, une rangée à la fois, nous devions nous retourner et entrer en contact avec les gens en les regardant dans les yeux et en gardant le silence. J'étais dans la troisième rangée.
L'animateur a demandé à la première rangée de monter sur la scène et de se placer face à l'auditoire. Ces gens devaient nous regarder tandis que nous restions assis sur nos chaises. Nous les regardions aussi. Puis, ce fut au tour de la deuxième rangée de prendre place sur la scène en se plaçant une trentaine de centimètres plus loin que la première ligne (face à nous). Puis l'anima-

teur a demandé aux gens de la deuxième ligne de retourner s'asseoir. Une fois de plus, la première ligne restait sur la scène à nous regarder, bien assis, et nous à les regarder debout sur scène.

Plus le moment où je devais monter sur scène approchait, plus je réalisais que j'étais stressée, mais je ne savais pas pourquoi. Mes mains sont devenues moites et j'ai remarqué que je gigotais sur mon siège. Le rôle à jouer semblait pourtant assez simple. En plus, toute ma vie, dans mes conversations, j'avais toujours pris soin de bien garder le contact visuel avec les étrangers ou avec mes proches. Alors, je ne voyais pas pourquoi il en serait autrement dans cet exercice.

Puis je me suis souvenue que lors de mon premier séminaire Landmark, l'animateur du forum nous avait raconté ce qu'il avait vécu en faisant cette expérience. Il nous avait dit alors qu'en participant à cet exercice, il y avait de cela plus de vingt ans, ses genoux claquaient si fort qu'un adjoint du séminaire avait dû mettre un veston entre ses genoux pour arrêter le bruit.

En repensant à cela, j'avais juste envie de quitter la salle. Je me disais en moi-même que je n'avais pas besoin de continuer l'exercice puisque j'avais déjà regardé les gens dans les yeux auparavant. Je savais également qu'on n'accepterait pas que je quitte la salle. Alors, je suis restée sur mon siège, en suant et en gigotant.

La première fois que ma rangée a été appelée sur scène, c'était pour faire face à une autre rangée et pour regarder les gens dans les yeux. Ouf ! Je n'avais pas à regarder cinquante personnes à la fois. Je n'en avais qu'une seule. Cela m'apparaissait moins difficile, du moins je croyais. Nous sommes allés nous placer et l'animateur du séminaire a commencé à nous guider à travers notre processus de découverte personnelle. Durant les dix premières secondes, je me suis mise à pleurer comme une Madeleine sans pouvoir m'arrêter et je ne savais vraiment pas pourquoi. J'étais incapable de me calmer. Chaque fois que je regardais mon partenaire en face de moi, les sanglots reprenaient de plus belle. « Troisième rangée, s'il vous plaît, sortez par la gauche », ai-je entendu. J'ai remercié mon partenaire et je suis partie. Que diable se passait-il avec moi ? J'étais supposée écouter ma voix intérieure, mais rien ne se faisait entendre. J'étais complètement submergée et aucun mot ne montait. Je n'ai rien appris. Quelle sorte d'exercice était-ce ? J'étais confuse et embarrassée et je me suis retirée un moment afin d'analyser cette expérience alors que l'exercice continuait devant moi sur la scène. « Troisième rangée, s'il vous plaît, vous devez vous tourner vers la droite et montez sur la scène. » Ah non ! Pas encore, s'est écrié mon esprit.

Cette fois, ma rangée faisait face aux gens assis en bas de la scène. J'ai survécu à ces trois minutes parce que je n'ai pas regardé les gens qui me regardaient. Puis, la quatrième rangée a été convoquée sur la scène et un nouveau partenaire se tenait en face de moi, à trente centimètres de ma figure. Cette fois, il s'agissait d'une gentille vieille dame qui me souriait timidement. « D'accord, je crois que je peux y arriver cette fois », me suis-je dit. Mais encore une fois, les larmes ont jailli aussitôt que l'exercice a commencé. Chaque fois que je regardais dans les yeux de ma partenaire, les larmes coulaient à flots et je me retournais. Elle a tenté de me rassurer en me disant que tout irait bien. J'étais réellement confuse et embarrassée par ces inexplicables déluges. L'animateur du séminaire nous a demandé à tous d'écouter ce qui se passait dans notre tête – ce que nous nous disions à nous-mêmes. Mais ma voix ne parlait pas.

Alors, je me suis rappelé qu'il m'était possible de remplir ma tête de pensées au lieu d'essayer d'écouter les pensées. De toute manière, ma voix intérieure ne me parlait pas ! Une fois ma tête pleine, c'était beaucoup mieux, et j'ai immédiatement regardé ma partenaire et j'ai pensé : Merci, je t'aime, merci, je suis désolée, je t'aime, merci. Alors je me suis immédiatement sentie mieux et j'étais remplie d'appréciation et d'amour pour cette femme en face de moi. Me sentant mieux, le déluge de larmes s'est arrêté. Je pouvais maintenant la regarder sans pleurer.

À ma grande surprise, ma partenaire s'est mise à pleurer. Les larmes ont commencé à ruisseler sur ses joues, elle secouait lentement la tête de l'avant vers l'arrière et elle m'a dit : « Voilà que tu me fais pleurer. » J'ai continué à lui envoyer mes pensées secrètes : Merci. Je t'aime. Je suis désolée, s'il vous plaît, pardonnez-moi. Merci. Et ainsi de suite. Puis on a demandé à ma partenaire de quitter la scène et je me suis retrouvée seule face à cinquante personnes à qui on avait demandé de nous regarder et de nous évaluer, ma rangée et moi. À cet instant-là, une paix intérieure m'habitait complètement et j'étais en mesure de soutenir le regard des gens qui m'observaient. En fait, je recherchais leur regard et je regardais seulement ceux qui me regardaient. Je me sentais tellement mieux. Je pouvais être « moi » face aux étrangers. J'aimais tous ces gens et je les appréciais vraiment ! Vraiment !

Bientôt, l'exercice prit fin et le séminaire s'est poursuivi ; nous avons pris une courte pause. Ma dernière partenaire, la gentille dame, me cherchait pour discuter de l'exercice. Je lui ai dit que je n'avais jamais remarqué à quel point les gens m'effrayaient. Elle m'a dit sentir que nous étions très liées et que le séminaire l'avait beaucoup aidée parce qu'elle a réalisé qu'elle éprouvait de la difficulté à accepter l'amour des autres par moments. Il était alors évident que je devais partager avec elle la technique de guérison que j'avais utilisée pour arrêter de pleurer quand nous étions ensemble sur la scène. Elle s'est mise à pleurer. Après une étreinte, nous nous sommes laissées pour poursuivre cette courte pause.

Nerissa Oden
TheVideoQueen.com

*
* *

Un peu plus tôt cette année, j'ai appris qu'une de mes employées avait bénéficié de commissions plus élevées que ce qu'elle aurait dû recevoir. Cela représentait quelques centaines de dollars de perte pour ma petite entreprise et moi. Elle niait toute responsabilité par rapport à cette situation. C'était une travailleuse acharnée, mais il était clair qu'elle aurait de la difficulté à se trouver un travail aussi bien rémunéré dans cette petite ville. J'éprouvais beaucoup de compassion envers elle, mais en même temps, j'étais blessée et furieuse. Au cours des jours suivants, j'étais incapable de lui parler, sauf en ce qui concernait les dossiers liés au travail et c'est tout juste si j'arrivais à la regarder. Je ne savais plus quoi faire. Je me suis adressée à Joe et ce qui s'est passé ensuite est tout à fait étonnant. Il m'a remerciée de l'avoir joint. Ensuite, il m'a suggéré des étapes à suivre pour nettoyer l'énergie. Premièrement, il me fallait réaliser que j'avais attiré cette situation – pas facile à faire, mais essentiel au bon déroulement du processus. Ensuite, je devais me pardonner et pardonner à cette employée et à toute l'énergie entourant le problème. Puis je devais établir de nouvelles intentions à propos de ce que je souhaitais vivre vis-à-vis de cette situation et je devais commencer à répéter les mots guérisseurs du Dr Hew Len : Je suis désolé. S'il vous plaît, pardonnez-

moi et je t'aime. Le résultat fut extraordinaire. Après avoir terminé le processus, voici ce que j'ai écrit à Joe :

Cher Joe,
Tes suggestions se révèlent si appropriées. Après les avoir lues, j'ai fait chacune des étapes que tu m'as suggérées en conduisant de Wimberley à Austin. C'était vraiment stupéfiant. J'ai mis beaucoup de temps à réaliser que c'était moi qui avais réellement attiré cela, pour ensuite en arriver à pouvoir me pardonner, pardonner à mon employée et à l'énergie environnante. J'ai établi des nouvelles intentions et j'ai répété de nombreuses fois cette méthode de guérison hawaïenne phénoménale. Une fois rendue à Austin, j'avais l'impression d'avoir perdu une tonne de briques qui reposaient sur ma poitrine et mon estomac.

L'énergie en moi s'était complètement transformée après avoir suivi les suggestions de Joe. La colère et la peine étaient complètement disparues. C'était vraiment incroyable. Les relations de travail avec mon employée sont maintenant rétablies. À toute personne qui me demande si le système fonctionne vraiment, je réponds : « Il fonctionne à merveille ! »
Victoria Schaefer
Éditrice au Pedal Ranch Publications
Wimberley, Texas

*
* *

Voici un témoignage de Denise Kilonskey de Shreveport, en Louisiane.
Voici un rêve que j'ai fait en octobre 2006, lequel correspond parfaitement à la sagesse Ho'oponopono.

Dans ce rêve, je voyais un monde sans prison, car, grâce aux enseignements d'Ho'oponopono, la simplicité du message que le Dr Hew Len avait partagé avec Joe, moi-même et toutes les autres personnes, était maintenant diffusée partout dans le monde dans des séminaires et dans diverses formations. Ces formations enseignaient aux gens, et particulièrement aux enfants, la manière de s'aimer soi-même et ce faisant d'aimer son prochain.

Dans ce rêve, je me voyais enseigner dans de nombreux séminaires fréquentés par des milliers de personnes. Au cours de ces séminaires, mon rôle était d'aider les gens à se souvenir de leur vraie nature, leur nature Divine et de leur rappeler quoi faire pour être cette personne – de leur rappeler que leur vraie nature est l'amour.

Puis les images du rêve se sont transformées et j'ai vu un adolescent membre d'un gang de jeunes poser un fusil sur la tempe d'un autre membre du groupe. Celui qui était menacé venait juste de suivre mon séminaire qui se donnait à son école. Il parlait sans arrêt d'un miracle et il souhaitait que les membres du groupe en fassent aussi l'expérience. Les jeunes du groupe en avaient soupé de toutes ces salades !

Durant le séminaire, ce jeune homme s'était souvenu de sa vraie nature. Il souhaitait donc partager cette révélation avec ses compagnons. Toutefois, vu la simplicité et la facilité de la méthode, ces derniers ont cru à une mauvaise plaisanterie et ils ont ressenti une menace.

Voyez-vous, durant le séminaire qu'a suivi le jeune, ce dernier est monté sur scène et m'a tiré dans les intestins. Baignant dans mon sang sur le sol, alors que la force vitale jaillissait de mon corps, le jeune homme m'a été amené, je l'ai enlacé et j'ai soufflé à son oreille : S'il te plaît, pardonne-moi. Je t'aime. Puis je suis décédée dans ses bras, l'enlaçant de toutes les parts d'amour qui composaient mon être. À ce moment précis, le jeune homme a reçu un message. En enlaçant mon corps sans vie, à travers ses pleurs et ses sanglots, il m'a dit dans un soupir : « S'il te plaît, pardonne-moi. Je t'aime. » Dès lors, la force de vie est revenue habiter mon corps et nous étions tous deux remplis d'une belle lumière dorée si puissante que tout l'auditoire et toutes les personnes à des kilomètres alentour ont pu sentir l'amour que nous générions ensemble.

Au fur et à mesure que cette énergie d'amour était perçue par les gens qu'elle touchait, elle devenait de plus en plus grande et s'étendait de plus en plus loin. Cependant, ce n'était pas tout le monde qui était disposé à y prêter attention. L'adolescent membre d'un gang de jeunes, qui tenait le fusil contre la tête de l'autre jeune, n'était pas prêt à accepter et à recevoir de l'amour. L'adolescent visé lui a alors dit : « S'il te plaît, pardonne-moi. Je t'aime. » Puis il a enlacé et aimé son agresseur comme s'il aimait toutes les parts sombres de lui.

De nouveau, voilà que le miracle s'est produit. Tous deux étaient remplis d'une resplendissante énergie dorée d'amour et le jeune agresseur a pris le temps de remarquer et de recevoir l'amour qui lui était donné. En le recevant, il a dit à l'autre : « S'il te plaît, pardonne-moi. Je t'aime, mon frère. Pardonne-moi, s'il te plaît. »

Devinez ce qui s'est ensuite produit ?

Un magnifique globe doré rempli d'énergie d'amour les entourait en s'agrandissant de plus en plus. Comme l'énergie d'amour dorée remplissait la scène et touchait chacun des membres du gang – ces derniers ont d'ailleurs ressenti et accueilli cet amour – il y a eu un grand déploiement de cette énergie à des kilomètres à la ronde. Au fur et à mesure que les gens ressentaient cette énergie au passage, ils la transmettaient à leur tour et elle s'accroissait ainsi de plus en plus jusqu'à ce que la Terre entière soit englobée par cette énergie d'amour.

Voilà ce qu'est l'âge d'or, l'âge de l'amour. Et voilà pourquoi le cadeau d'Ho'oponopono nous a été donné afin que nous nous rappelions tous qui nous sommes et que nous nous rappelions que l'amour est notre vraie nature. Ce que nous souhaitons tous ardemment est d'être aimés.

Il s'agit d'un merveilleux rêve, n'est-ce pas ? L'histoire d'Ho'oponopono ferait un très beau film. Quand je pense au film **Payez au suivant** *et à l'impact majeur qu'il a eu à travers la planète entière, je crois que le monde est maintenant prêt pour Ho'oponopono.*

*
* *

Il m'est difficile de dénombrer tous les miracles qui se sont produits durant les sept premiers jours de mon retour à la maison, après la fin de semaine de manifestation organisée par Joe. J'ai absorbé toute l'énergie, tous les enseignements, tout le message et voilà que les résultats se produisaient à la vitesse de la lumière.

Je vous énumère quelques résultats tangibles : de nouveaux clients ont afflué vers moi ; de nouveaux contrats ont semblé tomber tout droit du ciel ; ma liste d'adhésion a augmenté de plus de trois cent pour cent (pendant que j'écrivais cette lettre) ; on m'a demandé de faire la présentation de quelques vedettes et j'ai eu peine à suivre toutes les idées fantastiques qui m'arrivaient comme des éclairs de génie.

À bien y penser, j'étais une illustre inconnue à peine trois mois plus tôt.

Tout cela s'est produit sans même que je force les choses, que j'essaie ou que j'y investisse un effort. Tout cela a littéralement jailli sur moi si facilement, sans effort et abondamment. Dorénavant, quand surgit une inspiration, j'agis immédiatement et je suis étonnamment surprise par les résultats positifs qui en découlent.

J'utilise fréquemment la méthode de gommage Ho'oponopono pour faire croître mon entreprise et, chaque fois, bien qu'il me tarde de voir quelle sera ma prochaine création, je ne cesse de retourner à l'ardoise blanche et je nettoie, nettoie et nettoie.
Merci à Joe et au Dr Hew Len
Je leur serai éternellement reconnaissante,

Amy Scott Grant
http://thesuccessmethod.com
http://newsuccess.org

*
* *

Joyce McKee a écrit :
Au cours des dernières années, j'ai adopté un nouveau rôle. Je suis devenue un accompagnatrice. Ma mère a quitté la maison qu'elle habitait depuis de nombreuses années pour emménager près de nous, ses filles, en bonne partie à cause des épreuves que nous vivions. Peu de temps après, ma mère, qui avait toujours été solide comme un roc, a appris qu'elle avait une insuffisance cardiaque congestive et un cancer des petites cellules des poumons. Elle a choisi de profiter de ses derniers jours avec ses filles dans la dignité. Âgée de quatre-vingt-huit ans, elle a refusé de suivre les traitements contre le cancer. L'équipe médicale nous a dit alors qu'elle ne serait plus très longtemps autonome.

Au mois de mai suivant, je participais à la fin de semaine de la manifestation et j'ai appris les enseignements du Dr Hew Len et la méthode Ho'oponopono. J'étais très intriguée. Cela m'a impressionnée grandement d'entendre les résultats étonnants obtenus avec les malades mentaux criminels par le Dr Hew Len simplement en allant à lui pour se nettoyer et se libérer.

L'Univers est si bienveillant. Il manifeste le maître lorsque l'élève est prêt. La synchronisation était parfaite. Comment puis-je accompagner et soutenir ma mère dans son passage vers la mort ? était la question qui me préoccupait durant cette fin de semaine.

Je désirais montrer à l'Univers que j'étais cent pour cent responsable de ma vie – de toute ma vie, incluant ma mère – et je reconnaissais cette responsabilité entière. Alors, j'ai utilisé ce que j'ai appris. Je suis entrée en moi et j'ai nettoyé et libéré de manière constante.

Les effets sur ma mère et moi furent tout simplement exquis. Elle est demeurée saine d'esprit et autonome jusqu'à la fin sans éprouver aucune douleur. Évidemment, elle a traversé quelques petits épisodes de crise où elle a eu recours à la médication prescrite par le médecin ; mais elle a maîtrisé ces épisodes dans le confort de son foyer, sans être obligée d'aller à l'hôpital. Ces moments d'« entraînement au passage » nous ont toutes deux préparées à l'étape finale, celle de franchir l'autre côté de la rive.

Le plus beau cadeau fut la prolongation de sa vie au-delà du temps prévu. Elle a fait mentir les pronostics. Chaque matin, elle était surprise de se réveiller et elle me saluait avec un joyeux : « Devine quoi ! J'ai un autre jour ! » Nous avons eu du temps pour échanger tous les mots d'amour et pour passer du bon temps ensemble. Nous avons eu le temps de préparer son passage. J'ai pu me libérer des appréhensions que j'éprouvais au sujet du départ de ma mère. Elle savait où elle allait et il en était de même pour moi. Au cours des moments de tension occasionnés par sa pénible respiration, nous avons vu la grâce de Dieu et la peur se dissiper. Wow ! Quel cadeau !

La pratique d'Ho'oponopono accompagnée de mes prières ont changé ma manière de faire face à la vie. La sensation de puissance que j'ai vécue et que j'expérimente encore est extraordinaire. Le fait de savoir que j'ai un rôle actif non seulement dans ma vie mais également dans celle des autres me pousse à chercher constamment la Source, encore et encore.

*
* *

En voici une autre :
Au moment où j'ai suivi la fin de semaine de manifestation en mai 2006, j'éprouvais encore un malaise émotif et financier au sujet d'un contrat d'une valeur d'un million deux cent mille dollars avec une compagnie de mazout multimilliardaire qui est tombé à l'eau au beau milieu de son exécution. Tout cela est arrivé à cause de nombreux problèmes internes de la compagnie de mazout.

Durant tout le trajet de retour à la maison et durant les jours qui ont suivi, j'ai dit : Je t'aime, je suis désolé, s'il te plaît, pardonne-moi. Merci. Quelques jours après mon retour à la maison, j'ai commencé à me sentir faible, à éternuer et à tousser. Je savais que mon corps était en train de se libérer.

Peu de temps après, j'ai discuté avec un expert en marketing et, durant la conversation, il s'est produit un changement dans mon corps et dans ma façon de percevoir l'ensemble de la situation avec la compagnie de mazout. Il m'a simplement demandé quel était le plus gros montant qu'un client m'ait payé au cours d'une année pour que je l'aide à diminuer les douleurs physiques au travail.

J'ai répondu 600 000 $ et il m'a ensuite dit : « Wendy, ça y est ! Tu peux utiliser cette somme pour construire *un empire. Combien de personnes peuvent faire cette déclaration ? »* Dans un éclair, j'ai pu voir tout le bien de cette situation au lieu d'y voir que les mauvais côtés. Au lieu de voir uniquement les 200 000 $ impayés, je voyais maintenant la valeur des 600 000 $ que cette compagnie m'avait déjà versés.

Ce changement de perception vers des énergies positives a ravivé la flamme de ma passion et plusieurs idées me sont alors venues instantanément. Une lumière venait de s'allumer et je constatais à quel point quelque chose de grand venait de se produire en moi. C'était comme si la lumière qui m'entourait s'étendait bien au-delà de mon environnement physique.

Durant deux ans, j'avais réagi en victime et j'étais furieuse contre ce que les gens de la compagnie avaient fait et maintenant je les remerciais.

Peu de temps après, une douleur à ma jambe gauche est apparue. Je ne comprenais pas trop ce qui se passait. J'ai tout essayé – massage, étirements, bains chauds. Un docteur qui pratique la médecine chinoise m'a dit, après avoir « lu » dans mon corps, que j'avais vécu un grand stress et que cette douleur était reliée au méridien de la vésicule biliaire – le méridien de la colère.

L'énergie était bloquée et voilà ce qui causait la douleur. Après quatre traitements de libération de l'énergie de colère, la douleur est partie.

Bien que ma perception au sujet de la compagnie de mazout ait changé, mon corps s'est accroché à la colère qui voulait sortir et qui était bloquée.

Quelques mois après cette expérience, j'ai appris que la personne chargée de mon contrat à la compagnie de mazout avait reçu des ordres de le rompre, mais au lieu de le faire, elle a plutôt choisi de démissionner car elle se refusait à faire souffrir une autre personne. Le service *a été fermé et la gestion des services que je leur offrais a été transférée dans un autre département.*

Une fois cette énergie nettoyée, j'ai pu consacrer mon temps à terminer mon livre électronique et à lancer mon nouveau site Internet www.getinsideyourcomfortzone.com. Jamais je n'aurais cru imaginer les retombées occasionnées par le lancement de ce livre électronique.

Un de mes grands rêves était d'enseigner à une multitude de personnes une façon de travailler à l'ordinateur sans malaises physiques.

J'ai eu la chance d'être l'un des trois ergonomistes les plus fréquentés sur le Web, et de loin à part ça ! Sur ce site, je réponds à des questions, j'annonce mon livre électronique, mes services et autres activités.

En termes de taille, les entreprises parfaites pour moi ont fait appel à mes services pour leur enseigner à éliminer la douleur. Comme ces engagements étaient peu exigeants et brefs, il me restait du temps pour développer les nouvelles idées qui continuaient de surgir en moi.

De plus, j'enseigne maintenant la loi d'attraction à titre de **coach** *certifié en attraction stratégique sur le site www.theuniversallawofattraction.com.*

La découverte que j'ai faite peu après la fin de semaine de la manifestation est définitivement liée à Ho'oponopono. Cela m'a aidé à libérer les vieilles choses pour faire de la place aux nouvelles. Il n'y a pas d'autres explications.

Wendy Young

*
* *

Encore une autre :

En tant qu'interventionniste, les jeux de pouvoir représentent le plus grand obstacle que les gens que j'ai aidés ont eu à éliminer ou à traverser. Dans **La prophétie des Andes** *de James Redfield, les stratégies de contrôle sont définies ainsi : « Il nous est nécessaire de faire face à notre manière personnelle de contrôler les autres. Rappelez-vous la quatrième révélation qui nous enseigne que les humains se sont toujours sentis en manque d'énergie et qu'ils ont besoin de contrôler les autres pour profiter du courant d'énergie qui circule entre eux. »*

En incorporant ce concept à un modèle encore plus interventionniste, j'ai donné libre cours à mon intuition de manière à ce que ma propre technique puisse aider également les gens qui perdent de vue leur but ou le résultat recherché.

C'est Joe Vitale qui m'a parlé en premier d'Ho'oponopono sans se douter de ce qui allait suivre. D'un côté, j'utilisais déjà le concept des jeux de pouvoir ou des stratégies de contrôle des drames, mais, d'un autre côté, à titre d'interventionniste, j'avais besoin d'un outil de recalibrage pour aider le client à utiliser son plein potentiel au lieu de rester seulement là à l'écouter.

Le retour à zéro représentait l'équilibre que je n'avais pas encore réussi à trouver avant que Joe Vitale m'invite dans le monde du Dr Hew Len. En Occident, particulièrement aux États-Unis, la folle consommation et le succès instantané sont si ancrés dans nos valeurs culturelles qu'ils nous poussent tous dans cette direction. « De zéro à 60 » est sans doute la durée la plus parfaite pour définir la vague émotive qui déferle sur un monde complètement axé sur la consommation.

Ho'oponopono m'a aidé à comprendre que la guérison et la vraie satisfaction partent plutôt de « 60 pour se rendre à zéro ». Plusieurs théories métaphysiques don-

nent des détails au sujet du détachement, mais ces dernières m'ont toujours semblé être incomplètes ou imparfaites. Quelque part, essayer d'atteindre le détachement total m'apparaissait tout simplement fou. Cependant, après avoir connu l'état zéro, je saisis maintenant la dynamique du détachement et la manière de m'y rendre.

Il y a maintenant dix mois que j'ai eu la chance de rencontrer le Dr Hew Len durant l'entretien organisé par Joe au sommet du Hyatt surplombant la rivière Colorado. Il y a eu tellement de transformation dans la vie de ma famille et dans la mienne. Tous les membres de ma famille et de ma belle-famille ont soudainement transformé leur manière de réagir et ils ont découvert qu'ils avaient créé leurs rêves à grande échelle. La maison de retraite que ma belle-famille a achetée pour un demi-million de dollars est l'endroit le plus paisible que je connaisse (situé tout près de la route qui mène à la maison de Joe). Ma mère qui a traversé de nombreux blocages émotifs s'est finalement remariée et elle est emballée par cette romance du troisième âge. Une importante rentrée d'argent m'a permis de sortir d'un secteur d'activité qui ne me permettait pas de cultiver et d'appliquer mes plus grandes forces. Mon père, âgé de soixante-douze ans, a finalement délaissé un travail contraignant qui lui faisait faire la navette entre Houston et Prudhoe Bay en Alaska (la cinquième ville la plus au nord au monde). Un de mes plus vieux amis, qui a vécu un déracinement complet dans toutes les sphères de sa vie, est venu vivre à Austin où il est en train de bâtir son entreprise et il y vit des paradigmes totalement différents. Mon beau-frère a finalement déménagé dans sa propre maison. Ma belle-sœur et son mari ont quitté la banlieue pour vivre dans la maison de leurs rêves. Ma filleule, qui vient de commencer le collège cette année, a été invitée à une émission de télévision très écoutée et elle a été nommée reine de la rentrée. Sa mère vient tout juste de se voir offrir une des occasions d'affaires les plus lucratives de sa vie. Tout cela a débuté le jour où j'ai entendu parler pour la première fois d'Ho'oponopono en février 2006 et s'est concrétisé depuis ce tout premier jour. Après dix-sept ans de vie sérieuse et ennuyeuse, ma vie quotidienne est soudainement devenue animée et joyeuse grâce à de nombreuses expériences.

La vie est une habitude, alors j'ai instauré l'habitude d'une belle vie.

D'aucune manière, je ne prétends être un expert d'Ho'oponopono. Cette méthode représente encore une nouveauté pour moi et je ne saurais prédire vers quelle expérience de vie elle me mène.

Je suis très reconnaissant envers le Dr Vitale d'avoir fait connaître Ho'oponopono au monde grâce à la présentation que le Dr Hew Len a faite il y a quelques mois. L'état zéro, la responsabilité à cent pour cent, les excuses, le pardon sont des choix puissants qui ont eu un impact majeur depuis qu'ils sont entrés dans ma vie et dans celle de ma femme et également depuis qu'ils sont dans ma vie professionnelle. Merci Joe et merci au Dr Hew Len.

Bruce Burns
www.yourownbestgood.com

*
* *

Cher Joe,

J'aimerais te dire un gros merci d'avoir invité pour nous le Dr Hew Len à Austin. Cette méthode est fabuleuse et elle m'a offert une nouvelle compréhension de la vie et de la manière dont les lois universelles régissent notre santé et notre joie. Puisse-t-elle me permettre de croître.

D'emblée, j'aimerais dire que je suis loin d'être un expert dans la pratique d'Ho'oponopono. Alors, pardonne-moi si j'attache beaucoup d'importance à ce qui nous a été partagé et voici ce qui m'est arrivé après une seule soirée d'expérimentation.

Le Dr Hew Len a beaucoup parlé de quelque chose qui est cher à mon cœur – l'art d'atteindre zéro. En fait, c'est là le point central d'Ho'oponopono. Comme je suis enseignant des arts martiaux et de Qi Gong (exercice d'art martial énergétique interne) depuis de nombreuses années, j'ai accueilli cette habileté à se nettoyer et à se vider l'esprit comme le plus grand cadeau offert à l'humanité.

Le Dr Hew Len nous a rappelé l'importance de vivre dans l'état d'ouverture, de nettoyer nos relations interpersonnelles et d'aller à l'état zéro. J'étais entièrement d'accord avec sa vision de la vie et il me tardait de rencontrer un autre être humain sur cette planète avec qui partager ces vérités que j'aimais réellement.

Dans l'art et dans la pratique du Qi Gong, il y a une manière bien spécifique de respirer et de faire circuler notre énergie interne. Les maîtres anciens d'arts martiaux ont découvert qu'il y a des lois universelles qui régissent notre corps et que si nous apprenons comment faire bouger notre énergie de manière circulaire, nous créons de hautes vibrations énergétiques de santé nous permettant d'atteindre un niveau de conscience très profond. Ce processus fait référence à ce qu'on appelle l'orbite microscopique.

(Principes fondamentaux – nous inspirons et nous dirigeons l'énergie vitale se trouvant dans l'air inspiré, dans notre ventre en la faisant descendre jusque sous notre nombril (une région également connue sous le nom de Dan Tien). Ensuite, nous faisons monter l'éner-

gie le long de notre colonne vertébrale et nous la ramenons dans notre ventre. Ce mouvement crée une orbite microscopique grâce auquel l'énergie de notre corps s'élève, favorisant ainsi une santé et une croissance accrues.)

Quand le Dr Hew Len s'est servi d'un diagramme pour expliquer Ho'oponopono et pour démontrer une manière efficace de faire circuler fluidement la communication et la conscience entre les gens, j'ai tout de suite été frappé par les similitudes avec l'orbite microscopique. En fait, c'était excitant au plus haut point pour moi de voir d'une façon nouvelle comment l'Univers fonctionnait de manière circulaire.

Grâce au diagramme qu'il a dessiné, j'ai réussi à comprendre que, la plupart du temps, nous tentons d'entrer en relation selon un mode bidirectionnel linéaire. Nous parlons aux autres ; nous argumentons, négocions, pointons du doigt et ainsi de suite – et tout cela se situe dans une perspective horizontale.

Cependant, en changeant complètement de perspective, j'ai réalisé que nous pouvions vivre le plus grand changement et des plus profondes interrelations qui soient avec les êtres humains – et cette perspective est celle du cercle. Pour moi, le diagramme du Dr Hew Len montrait qu'en allant d'abord à l'état zéro – juste en dessous de la partie consciente de l'esprit – nous pouvons laisser aller nos réactions, les attachements liés à nos perceptions. Nous pouvons ensuite atteindre l'état de la supra-conscience pour éventuellement capter la conscience Divine. Le Divin peut alors adresser notre intention pure et aimante à la personne intéressée en toute discrétion dans son esprit conscient, permettant ainsi d'établir une connexion et une relation limpide entre nous.

Je peux témoigner de l'efficacité de cette méthode incomparable à aucune autre. Par exemple, la semaine dernière, durant une rencontre d'affaires à laquelle je participais, une personne assise de l'autre côté de la table nous demandait des choses que je trouvais de prime abord injustes et égoïstes. Je me suis surpris à constater mes tensions intérieures et je me suis souvenu du diagramme et des effets bénéfiques de la perspective circulaire, alors j'ai cessé de combattre et j'ai décidé de laisser les choses aller.

En premier lieu, je me suis centré sur ma respiration et je me suis rendu à l'état zéro. Intérieurement, j'ai senti le niveau de conscience s'accroître (tout comme dans l'exercice de Qi Gong dont j'ai parlé plus haut) et mon humeur s'est immédiatement transformée. Si j'avais exprimé ce que je ressentais alors, j'aurais dit ceci : « Je t'aime et je t'appuie. S'il te plaît, pardonne-moi d'être dur avec toi. Comment puis-je t'aider à te sentir sécure et à nous aider à obtenir de part et d'autre ce que nous désirons ? »

Puis, quelque chose d'étonnant s'est produit : mon ami (je ne voyais désormais plus cette personne comme un ennemi ou un traître) a commencé à changer, devenant de plus en plus ouvert et réceptif comme si la lutte avec un conflit intérieur était terminé. En moins de quinze minutes, nous avons trouvé une solution au dilemme que nous avions, parfaite pour chacun de nous – comme je n'aurais jamais pu l'imaginer avec mon état d'esprit initial.

À mesure que le mystère de la vie se révèle, vous commencez à voir que tout est interrelié ; tout provient des lois universelles et l'une de ces lois concerne les cercles. Dans le film **Le Secret***, je me souviens que tu as dit : « L'Univers aime la vitesse. » J'aimerais ajouter que l'Univers aime les cercles aussi et le mouvement de la vie circule certainement plus doucement lorsque vous savez dans quelle direction vous voulez que les cercles aillent.*

Alors, merci encore, Joe. Le diagramme que le Dr Hew Len a utilisé pour expliquer Ho'oponopono a été des plus aidants. La vue de ce diagramme m'a donné une nouvelle perspective et un outil merveilleux pour savoir quand je force les choses et quand je les laisse aller afin de pouvoir vivre les situations à partir de l'état zéro.
Chaleureusement,

Nick Tristan Truscott, **sensei**
www.SenseiTristan.com
www.AllWaysZen.com

*
* *

Tous les jours, depuis la fin de semaine de manifestation, je dis « je t'aime, je suis désolée, pardonne-moi, merci ». Comme ma vie actuelle est merveilleuse, il ne s'est pas produit de changement qui pourrait être facilement observé, affiché ou acclamé.

Évidemment, j'aurais bien aimé avoir tout l'argent nécessaire pour rendre visite à ma fille et à sa famille qui habite Queensland et aussi rendre visite à mon frère à Paris ; j'aurais également aimé pouvoir offrir à mon mari le voyage en train de ses rêves. J'aimerais que mes nouvelles divertissent le monde entier. Mais tout cela serait de bien petits cadeaux en comparaison avec celui que je vis présentement.

Le changement intérieur est incroyable. Lorsque je dis : « Je suis désolée », je me sens vraiment responsable de ce qui se manifeste à ma conscience à ce moment-là. Je ne peux désormais me dissocier des gens qui sont en désaccord avec moi.

Je ne me suis jamais sentie aussi branchée.

Je suis désolée de ce que je suis en train de faire en Iraq. Je déteste passer des appels téléphoniques, mais j'appelle dans tout le pays dans le seul but de pouvoir changer ce qui se passe en Iraq. Cela m'aide à guérir.

En me sentant pardonnée, je suis tellement reconnaissante.

PANNE D'ÉLECTRICITÉ SUR LE CHEMIN DES CERFS DU CANYON

Tard dans l'après-midi – soudain, le silence
L'absence des bruissements électriques
Peut être humanisant
Je me sens électriquement vivante

Aucun courant nulle part
Dans toutes les maisons
De haut en bas de la rue
Sans connaître le moment de la remise en service

Nous avons pris un bain chaud
Dehors, nous avons eu vin et fromage pour dîner
Et en regardant les étoiles, nous avons chuchoté

Une panne d'électricité sur le chemin des cerfs du canyon
Dans Arroyo Grande en Californie
Inhabituelle, luxueuse et incomparable
Avec les pannes de Buffalo ou Bagdad.

Evelyn Cole
The Whole Mind Writer
http://write-for-wealth.com

*
* *

Après avoir reçu les enseignements Ho'oponopono par le Dr Hew Len et le Dr Vitale, j'ai découvert que mon entreprise est pratiquement en constant processus de nettoyage. Elle fonctionne en douceur quand je nettoie et que je retourne à l'état zéro. Je suis en constant nettoyage et je vais constamment à l'état zéro comme le Dr Hew Len m'a enseigné à le faire.

Lorsque j'ai rencontré le Dr Hew Len et le Dr Vitale, j'avais invité une partenaire d'affaires à venir avec moi et nous avons découvert que nous avions tant de points en commun. Nous nous sommes alors fixé un rendez-vous galant le soir même. Huit mois plus tard, nous sommes en amour comme jamais. Le secret, c'est d'avoir la même sensibilité pour pardonner et pour transformer ce qu'il y a en nous. Merci au Dr Hew Len et au Dr Vitale d'avoir offert Ho'oponopono à un vaste public. Merci également à la salle d'avoir été l'endroit idéal pour rencontrer l'amour de ma vie.

Chris « Le gars prospère » Stewart
www.TheProsperityGuy.com

*
* *

Après plusieurs mois sur la route avec la tournée de spectacles, le fait de me rendre à Austin me faisait sentir en vacances. Laisser Houston derrière était beaucoup plus qu'une pause de vingt-quatre heures de l'univers entier de production d'une tournée. J'étais déjà dans un processus d'évaluation de ce que je devais réorganiser dans ma réalité même avant que ne commence la présentation du dîner que le Dr Joe Vitale animait.

Il y avait des mois que j'avais entendu une première conférence du Dr Hew Len au sujet d'Ho'oponopono ; une année et demie pour être exacte. Même si je n'avais jamais rencontré Joe Vitale auparavant, je lui étais reconnaissante d'avoir invité Ihaleakala dans un endroit suffisamment près pour que je puisse venir en automobile participer à cet événement à Austin.

Sur la route, au fur et à mesure que les scènes du paysage changeaient et que défilaient les petites maisons du Texas à la fenêtre de ma voiture, je me suis mise à penser aux autres présentations et aux choses que j'avais oubliées à ce sujet. Je suis remontée au tout premier moment, celui où j'avais eu de grands frissons dans le dos en l'entendant lire la prière d'ouverture en hawaïen. Je me souviens comment j'ai obtenu un contrat d'édition pour mon livre deux semaines à peine après ma première formation Ho'oponopono, simplement en me rendant à un congrès d'éditeurs pour bavarder un moment avec eux et leur laisser ma carte professionnelle. Deux jours plus tard, un éditeur m'a téléphoné pour me demander si je pouvais lui donner des idées pour un livre qu'il était en train d'éditer. J'ai obtenu le contrat avant la fin du mois.

La ville d'Austin se rapprochait et je me suis mise à réfléchir à ce qui s'était produit à peine six mois plus tôt alors qu'un vétérinaire de Montréal nous a informés de la triste nouvelle au sujet de ma bien-aimée chatte Maya qui était atteinte d'un lymphome aux intestins. Je me demandais alors si elle vivrait suffisamment longtemps pour que je puisse l'amener à la clinique. Après avoir donné le congé à Maya, le vétérinaire m'a dit qu'avec de la chance, il me restait quelques semaines pour lui dire au revoir. J'ai consulté Ihaleakala pour qu'il m'aide grâce à un nettoyage particulier afin de me libérer du programme que cette pauvre créature avait pris sur ses épaules. Il s'est maintenant écoulé un an et trois mois depuis qu'on nous a transmis le diagnostic de Maya. Ce jour-là, alors que je me préparais à son départ imminent, j'étais loin de m'imaginer que des mois et des kilomètres plus tard, elle serait encore avec moi durant toute ma tournée.

Voir de nouveau Ihaleakala à Austin me donnait l'impression de refaire surface après avoir été sous l'eau –

une de ces expériences de retour en arrière. En même temps, il s'agissait aussi d'une immersion dans la plus profonde pratique de transformation de ma vie. Durant vingt-cinq ans, j'ai fouillé et expérimenté toutes sortes de choses allant du bouddhisme aux traditions spirituelles, à la psychothérapie traditionnelle en passant par l'analyse de rêves (où j'étais douée) jusqu'au fonctionnement énergétique et même aux enseignements Wicca.

Et voilà que j'étais là, à Austin, de nouveau face à face avec Ho'oponopono, une philosophie, une tradition qui balaie pratiquement du revers de la main toutes les pratiques, les techniques, les procédures et les innombrables activités analytiques que j'ai étudiées avec diligence durant toutes ces années – en y mettant les efforts pour comprendre, pour me rétablir et vivre la vie que je suis venue vivre ici-bas. Je dois admettre qu'il y avait une part en moi prête à bondir parmi ceux qui ne connaissaient pas encore Ho'oponopono pour leur dire que moi, je la connaissais déjà. Cependant, je me suis mise à nettoyer et cette absurdité (cette mémoire) s'est dissipée.

Avant même que le Dr Vitale nous présente Ihaleakala ce soir-là, j'ai été frappée par une révélation comme s'il s'agissait de la lumière d'un éclair ; ce qui m'a poussée à me lever de la table où j'étais assise pour courir vers les toilettes en ravalant mes larmes. Là, à Austin, dans une salle surplombant l'horizon du centre-ville, tout mon être a été enveloppé par Ho'oponopono et j'ai vécu un moment de clarté au cours duquel j'ai réalisé que je ne voulais plus du tout être en tournée, quoi qu'il arrive. Six semaines plus tard, Maya, ma chatte, et moi nous nous dirigions vers Los Angeles à destination de notre nouvelle maison dans le Canyon Topanga ; cette dernière s'est libérée juste à temps pour notre arrivée alors que la personne qui devait la louer a choisi de ne pas la prendre finalement.

Une autre période de sept mois s'est écoulée et la semaine dernière, alors que j'allais perdre pied devant un autre changement significatif, j'ai lu une phrase qu'Ihaleakala avait écrite : « Zéro est le point de départ. » J'ai nettoyé.

Merci de nous avoir donné la possibilité de partager les changements, les révélations et les réflexions au sujet d'Ho'oponopono qui ont surgi durant mon voyage à Austin en février.
PDS

Elizabeth Kaye McCall

* * *

Avant d'apprendre et de mettre en pratique la méthode, je vivais des difficultés dans plusieurs secteurs de ma vie. Mon mari ne me croyait pas capable de bâtir une clientèle florissante, laquelle était d'ailleurs loin d'être abondante. Cela me faisait sentir seule dans la réalisation d'un immense rêve et d'un grand but.

Pendant la fin de semaine organisée par Joe, j'ai appris la méthode et j'ai rencontré une jeune femme qui avait les mêmes champs d'intérêt et les mêmes buts que moi ; nous avons convenu de bâtir une entreprise ensemble. Cette entreprise a connu un grand succès qui a transformé ma clientèle laissant à désirer pour une clientèle très florissante. Nous travaillons actuellement sur notre prochain projet. J'ai l'impression que nous sommes des amies intimes depuis des années et non depuis quelques mois seulement. Le changement le plus grand et le plus significatif s'est produit avant que mon entreprise ne décolle, alors que la relation avec mon mari s'est complètement transformée en quelques semaines. J'avais utilisé la méthode quand je ressentais de l'inconfort dans ma relation, puis soudainement mon mari s'est décidé à relire mon livre électronique, il m'a posé des questions et il m'a fait partager son expérience personnelle. Il a pris plus de responsabilités à son travail, il a eu un regain de fierté et d'amour-propre et tout cela a eu un ardent impact sur notre relation.

J'ai confiance et une foi inébranlable en moi et en ce qui se déroule devant moi alors que j'applique une méthode simple durant seulement quelques minutes par jour.

Merci !

Karrie King
Auteure de **The Red Hot Bedroom**[1] *(www.redhotbedroom.com)*
Créatrice de **Joyful Spaces**[2] *(www.joyfulspaces.com)*

*
* *

Ho'oponopono retourne en arrière dans le temps

Je suis amoureux des animaux. Un véritable amoureux. Je ne m'occupe ni ne me préoccupe que des miens – J'aime tous les animaux.

Il y a quelques années, un de mes amis m'a parlé du site Animal Rescue (www.theanimalrescuesite.com) et cela m'a emballé.

Il est possible de financer la nourriture des animaux vivant dans des refuges en allant sur ce site et en cliquant sur « Nourrir un animal dans le besoin ». Chaque clic fournit un repas ; un clic par jour, c'est tout ce que ça prend pour faire une différence. Durant les cinq dernières années, je suis allée sur le site tous les jours sans jamais sauter une journée.

---

1. La chambre rouge feu. *(N.d.T)*
2. Les endroits joyeux. *(N.d.T)*

Un certain samedi matin, je faisais le ménage dans mes courriels en me sentant très heureux de faire ma juste part dans le monde – nourrir les animaux dans le besoin. Mon attention a alors été attirée par une image envoyée par un des commanditaires du site.

On y voyait un animal en cage qui tentait tant bien que mal de manger à travers les barreaux de sa cage. L'animal semblait si malade et déchaîné que même sa magnifique fourrure duveteuse ne pouvait masquer la souffrance. À vrai dire, il avait l'air tellement mal en point que je n'arrivais pas à reconnaître de quelle espèce il pouvait bien s'agir.

Était-ce un ours ? Un raton laveur ? Je ne pouvais franchement pas le dire. Et, honnêtement, je n'avais pas du tout envie d'y regarder de plus près. Une peur en moi me rappelait à quel point il y a de la souffrance dans le monde et à quel point ma contribution était bien mince. Je savais que détourner mon regard pour me sentir mieux n'était pas ce qui pouvait aider ces animaux.

Je sentais cet irrésistible besoin d'être à l'écoute. J'entendais l'appel des animaux me demandant de me réveiller et d'être attentif. À mon plus grand dégoût, j'ai découvert que ce que je voyais était des ours en captivité, maintenus dans leur cage depuis plusieurs dizaines d'années d'affilée.

"Les ours vivent dans des cages à peine plus grandes que leur taille afin de faciliter la traite. Pour extraire la bile, on pratique une entaille dans l'abdomen des ours jusqu'à la vésicule biliaire, d'où la bile s'écoule par le conduit hépatique après avoir été sécrétée par le foie. Un tube est inséré dans l'entaille pour recueillir la bile ou bien une tige d'acier enfoncée dans le foie permet à la bile de s'écouler dans un bassin placé plus bas. Environ 10 à 20 ml de bile par jour sont recueillis auprès de chaque ours. La SMPA (Société mondiale

> *pour la protection des animaux) rapporte que, durant la traite, des inspecteurs ont vu les animaux gémir, se frapper la tête contre leur cage et se mordre les pattes. Le taux de mortalité se situe entre cinquante et soixante pour cent. Lorsqu'ils ne produisent plus de bile, les ours sont transférés dans une autre cage où ils sont abandonnés jusqu'à ce qu'ils meurent de faim ou qu'on les tue pour vendre leurs pattes ou leur vésicule biliaire. Les pattes d'ours sont réputées pour être un mets raffiné. "*
>
> *(http://en.wikipedia.org/bile_bear).*

J'avais l'estomac complètement retourné et mes genoux se sont mis à claquer pour libérer la colère que j'éprouvais envers ces braconniers ignorants. Cela m'a pris toute la volonté possible pour me rappeler que l'humiliation et le blâme ne sont d'aucune utilité pour changer les gens et, heureusement, grâce au Dr Joe et au Dr Hew Len, je possédais maintenant un bien meilleur tour dans mon sac que je pouvais utiliser : Ho'oponopono.
J'ai commencé à réciter les phrases : « Je suis désolé. Pardonne-moi. S'il te plaît. Je t'aime. Merci. » Au fur et à mesure que je répétais ce mantra encore et encore, je visualisais le cœur des éleveurs d'ours se remplir d'amour, de compréhension et de compassion. Je les voyais entourés de lumière pendant que mon message leur était envoyé et ils entraient en contact avec leur propre conscience. Une fois que leur niveau de conscience fut suffisamment élevé pour qu'ils comprennent qu'ils étaient à blâmer pour les atrocités commises, je les ai imaginés à genoux, totalement angoissés – demandant pardon et suppliant Dieu et les ours de leur accorder clémence et indulgence pour la torture et la souffrance qu'ils avaient infligées à ces magnifiques créatures. Ensuite, je les ai visualisés en train de libérer

tous les ours, de les soigner pour leur permettre de guérir, car ils en avaient terriblement besoin, puis enfin je les ai vus les remettre en liberté.

Plusieurs d'entre nous ignoraient (je l'ignorais aussi) que la bile d'ours est utilisée depuis des siècles. Elle est couramment employée dans la fabrication du vin, du shampoing et des médicaments. Le fardeau énorme que représente cette tragédie ne pouvait se guérir en tenant compte seulement du moment présent – il me fallait également nettoyer plus loin en arrière, à travers les années. Il fallait considérer des centaines d'années de souffrance pour obtenir une guérison.

Cette expérience m'a complètement vidée. Durant des heures, je ne pouvais rien faire d'autre que répéter : « Je suis désolée. S'il te plaît, pardonne-moi. Merci. Je t'aime. »

La lourdeur contenue dans toute cette douleur était inéluctable et indéniable. J'étais dévorée par l'anxiété et j'étais chagrinée. C'était comme si j'étais celle qui avait capturé ces ours et qui détenait la clé de leur prison.

Une fois par semaine, mon conjoint et moi, nous mettions un point d'honneur à établir une « journée-rencontre ». Ce jour-là, il m'a invitée à visionner un film avec lui. J'étais angoissée et je ne me sentais pas du tout en état de sortir. Mais je savais que cela serait totalement insensé de dire : « Non, merci. Je ne suis pas d'humeur pour cela – Je me fais du souci pour les ours. »

Gardant ce travail de nettoyage pour moi, j'ai accepté son invitation. Nous sommes allés voir le film **16 Blocs**, *avec Bruce Willis. Ce que je ne savais pas, c'est que le sujet du film allait en plein dans la même direction que ce que je vivais. Le message de ce film mettait l'accent sur le fait que « les gens peuvent changer ».*

Durant tout le film, j'ai pratiqué Ho'oponopono. Lors d'une scène, j'ai remarqué qu'il y avait en arrière-plan un autobus avec une banderole sur le côté qui affichait l'image d'un ourson et, sous l'ourson, on pouvait lire les mots : « Envoyez de l'amour. »

Mon ancienne formation m'aurait fait croire que je rêvais debout. Cependant, les enseignements actuels quant à eux me font dire : « Continue de faire ce que tu fais. Tu es en plein dans la bonne voie. » Est-ce ainsi que l'Univers s'adresse à nous ? J'aimerais bien le croire.

Il s'agissait juste d'un autre rappel pour me dire que les éleveurs d'ours n'avaient pas besoin de ma colère pour changer ; ils avaient seulement besoin de mon amour. Les ours avaient besoin de mon amour. Le monde avait besoin de l'amour. L'amour change les personnes et il n'y a aucune exception à cette règle. Envoyer de l'amour à une situation dangereuse, laide ou abusive est la seule chose que nous pouvons faire si nous désirons la guérison durable. Ce n'est pas toujours chose facile, mais la seule et unique réponse sera toujours : AMOUR.

Alors que ma vigilance commençait à s'atténuer et que le jour laissait place à la nuit, la nausée, l'anxiété, la culpabilité, la douleur et la peine se sont aussi estompées. J'ai tout de même continué à pratiquer Ho'oponopono grâce à tous les petits clins d'œil que j'ai reçus jusqu'à ce que je m'endorme ce soir-là.

Une bonne journée, peu de temps après cet événement, je passais devant la télévision. J'ai entendu le présentateur de nouvelles annoncer le récent sauvetage d'ours. Au plus profond de mon cœur, je savais que ce message m'était destiné – qu'on me donnait une confirmation à propos de la manière dont nous pouvons changer les choses dans le monde, quel que soit l'endroit où nous nous trouvons. Eh oui, même quand nous allons au cinéma et mangeons du maïs soufflé.

Merci à vous, Dr Joe et Dr Hew Len, et à tous ceux qui, avant vous, ont transmis les enseignements d'Ho'opono-

pono dans nos vies afin de nous éveiller et de nous permettre de véhiculer la connaissance du pouvoir de guérison que nous portons tous en nous et ainsi nous donner l'occasion de changer le monde.

Notre travail ici ne fait que commencer.
S'il vous plaît, puissions-nous nous souvenir de :
ne faire aucun mal ;
aimer chaque chose ;
aimer chaque personne ;
Ho'oponopono voyage à travers le temps...

Suzanne Burns
www.ThankYouth.com

*
* *

La quête de ma vie pour un remède contre l'asthme était terminée...

Par une mystérieuse soirée, après plus de cinquante années à être asthmatique et allergique, tout cela est brusquement et magiquement disparu. Date du changement : 25 février 2006.

Plus tôt dans la journée, alors que je me relaxais dans un restaurant Tex-Mex d'Austin, j'ai commencé à me sentir fébrile. Oh, je me sentais réellement étrange, comme si quelque chose était en train de se produire et que d'une certaine façon j'y contribuais. Une vague d'amour m'a enveloppée, puis le repas a repris son cours.

Il y avait de l'électricité dans l'air ce soir-là à l'hôtel où avait lieu la formation – une inexplicable sensation d'excitation. Le Dr Hew Len, le conférencier, s'était assis à ma table. En plein milieu du repas, j'ai partagé une expérience liée à l'asthme que j'avais vécue et il s'en est servi plus tard comme tremplin dans son discours.

Or, je connaissais bien le modèle de guérison spirituel hawaïen Huna, mais pas la méthodologie ni la philosophie que nous a expliquées en profondeur le Dr Hew Len. Ce dernier nous a dit qu'il s'était attardé à nettoyer chacun des participants conviés au dîner, en lisant nos noms, en retrouvant en lui un état de clarté et d'unité avec nous.

La manière dont il s'y prend pour le faire est d'exprimer de l'amour envers chaque personne, de demander pardon pour tous les méfaits commis consciemment ou inconsciemment, dans le passé jusqu'à présent, par lui-même ou par ces ancêtres, par nous-mêmes et nos prédécesseurs en remontant ainsi jusqu'au début des temps et à la première forme de vie microbienne. Woh ! Cela fait beaucoup de nettoyage à faire – tout cela pour que nous puissions tous, lui et nous, retrouver notre lien intérieur et notre lien avec la Divinité.

C'est le jour suivant que l'accessible miracle a été dévoilé. Étant à l'extérieur de mon domicile, j'ai déjeuné avec mon mentor (du Programme de mentorat d'affaires de Joe Vitale) et sa femme, que je n'avais pas encore rencontrée. Je devais marcher la distance de quelques immeubles pour me rendre au restaurant et j'ai remarqué que je n'ai pas eu besoin du tout de mon inhalateur durant la randonnée. Cela m'arrivait rarement et c'est ce qui m'a donné le premier indice. Mes compagnons ont remarqué la grande distance qui séparait le stationnement où j'avais garé ma voiture du restaurant. Je leur ai mentionné que je n'étais peut-être plus asthmatique car c'est ainsi que je me sentais.

Plus tard, ce soir-là, j'ai eu le plaisir de dîner avec le Dr Hew Len et nous avons parlé de la guérison Ho'oponopono et de mon actuelle expérimentation de sa puissance dans ma vie quant à l'asthme, ce qui m'offrait la possibilité d'aider d'autres personnes aux prises avec le même problème de santé. Il m'a également parlé de l'importance de boire de l'eau avant chaque repas pour éliminer les toxines et aussi de l'importance d'éliminer le désordre de notre environnement domestique. Hum !

Alors, tout va de mieux en mieux. Près de six mois se sont écoulés et même si j'ai fait une bronchite, je me suis remise sur pied sans aucun médicament. Je respire aisément et je n'ai plus besoin d'inhalateur ou de médicament contre l'asthme. Il m'est aussi arrivé d'aller dans des endroits où il y avait des chats, des chiens, des oiseaux et d'y rester des heures sans éprouver de difficulté à respirer ni avoir besoin d'un inhalateur. Mes poumons sont parfaitement clairs et je peux respirer pleinement et profondément, ce que je n'avais jamais pu faire auparavant. Wow !

Dr Hew Len, même si vous n'appelez pas cela une guérison et même si vous ne vous définissez pas comme un guérisseur et que vous diriez sans doute que tout cela s'est produit grâce à l'Univers et à mon âme, je vous remercie. Je remercie Joe Vitale de nous avoir fait connaître le Dr Hew Len et de nous avoir fait vivre une soirée magique. Je vous en serai éternellement reconnaissante.

Martha Snee
www.translimits.com

*
* *

Et en voici une autre :

Un Irlandais découvre Aloha

Il y a dix ans, j'ai commencé une introspection en utilisant Ho'oponopono. J'ai fini par comprendre ce procédé de résolution de problème hawaïen après des années d'études de méthodes de guérison asiatiques, d'arts martiaux et du fonctionnement énergétique.

Au terme de mes recherches, j'ai traversé ce qu'on appelle le tordeur et qui peut s'expliquer comme une illumination. Puisque je suis irlandais, j'ai tendance à vouloir prouver toute chose (c'est-à-dire voir le résultat au-delà de tout doute). Ayant grandi dans le sud de Boston au Massachusetts (un secteur ouvrier très dur où les fusillades et le bruit des sirènes de police retentissait toujours dans ce quartier déshérité), les possibilités de découvrir la compréhension métaphysique de l'Univers ne couraient pas les rues. Aussi, lorsqu'une formation gratuite s'est présentée, j'ai sauté sur l'occasion de découvrir la philosophie de vie hawaïenne.

Ce que j'y ai trouvé était fort différent. Plusieurs techniques utilisent et manient l'énergie (comme les pions d'un échiquier). Cependant, Ho'oponopono m'a fait prendre conscience de la manière d'effacer les éléments négatifs, telles des situations problématiques qui se manifestent en moi (au lieu de simplement déplacer les pions). Le moins qu'on puisse dire, c'est que j'étais fort intrigué. De temps à autre, comme toutes ces idées étaient nouvelles pour moi, les concepts virevoltaient au-dessus de ma tête. Toutefois, au terme de la formation, j'ai supposé qu'en accordant une chance aux deux outils gratuits qui furent distribués et qu'en commençant à les utiliser dans mon travail de massothérapie, je pourrais voir si la preuve hors de tout doute m'était enfin apportée.

Par le passé, j'ai pratiqué le Tui Na, une technique de massage chinois, et avec le temps ma compréhension de ce soin s'est complètement transformée. Avant d'utiliser les outils offerts, ma compréhension de ce qui n'allait pas chez un patient était basée sur les enseignements asiatiques liés à l'énergie et aux méridiens. Toutefois, en utilisant ces outils, j'ai observé que cette compréhension des

« comment et des pourquoi » se modifiait et qu'elle ne correspondait plus avec celle apprise dans ma formation initiale, par exemple traiter une région qui n'était absolument pas en lien avec le problème soulevé par le client lors de son arrivée. Chaque fois, le patient y voyait des résultats presque instantanés, quelle que soit la nature du problème.

Point besoin de mentionner que je commençais à remettre en question ma compréhension et qu'il me fallait élargir ma vision de cette forme d'art hawaïen qui se déployait peu à peu sous mes yeux. Au printemps suivant, j'ai participé à la formation complète et j'ai commencé l'utilisation réelle des méthodes et des enseignements.

Un jour, j'ai reçu un appel d'une cliente, que j'appellerai J, une psychologue. Elle me demandait de rencontrer une de ses patientes qui la préoccupait beaucoup, je l'appellerai F, car elle était diagnostiquée comme ayant des troubles bipolaires et elle avait fait de nombreuses tentatives de suicide. Elle avait dû être internée à quelques reprises pour sa propre sécurité. Je lui ai dit : « Qu'est-ce que je peux bien faire ? » Elle a ri et m'a dit : « Je sais que tu peux l'aider. Il le faut, si tu ne le fais pas, elle ne va pas s'en sortir. » Alors, j'ai accepté d'intervenir. À la fin de notre entretien téléphonique, J m'a également fait part que F avait déjà été agressée par un massothérapeute. Je me suis alors demandé : Comment est-ce que je vais pouvoir aider cette femme ?

En arrivant à la maison, ce soir-là, je me suis assis et je suis resté un moment à me demander ce que je pouvais faire. Comment pouvais-je effectuer un changement à ce niveau-là ? Après un temps d'introspection, le mot Ho'oponopono surgit. Ho'oponopono ne cessait de tourner dans ma tête comme un vieux disque usé. Comme jamais auparavant, j'ai commencé à utiliser les outils offerts. J'y ai mis des efforts colossaux avant, pendant et après chacune des sessions sans jamais mentionner ce secret-là à F. Tout au long de nos rencontres, l'atmosphère était à l'humour et l'ambiance devenait de plus en plus paisible au fur et à mesure que je nettoyais. Pour faire une histoire courte, F a connu toute une métamorphose et est devenue une femme efficace et en mesure d'affronter les différents aléas de la vie. Elle est la preuve vivante que lorsque nous prenons la responsabilité à cent pour cent, les situations peuvent réellement changer.

Ma façon de pratiquer le massage s'est aussi transformée et elle a fait un bond en avant. Il est rare maintenant que j'aie à toucher les gens. Actuellement, j'observe les obstacles qui me ralentissent sur le chemin de ma vie et je suis émerveillé de voir ce que le nettoyage me procure en cours de route. Est-ce que tout cela est simple ? Non, mais j'ai réellement apprécié toutes les situations qui me sont arrivées et ces dernières m'ont fait réaliser qui j'étais.

Après plusieurs années de bénévolat auprès de la foundation of I, inc. – Freedom of the Cosmos[1], mon opinion est simple : il y aura toujours des situations à affronter, qu'elles prennent la forme d'une problématique familiale, d'un stress, d'une opinion, de la guerre et cela est assez difficile à accepter au début. Toutefois, au lieu de dire : Pourquoi moi ? (sous-entendant un sentiment de culpabilité), je préfère dire : Je suis responsable sans aucune culpabilité, et passer à l'action en utilisant les autres et en laissant Dieu se charger du reste.

C'est une tâche difficile. Est-ce que j'ai dit difficile ? Toutefois, en mon cœur, je sais que le calme est bien présent, mais qu'il nous est parfois difficile de le saisir complètement, car il y a tant de réalités qui coexis-

---

1. Fondation du « moi » inc. – Liberté du Cosmos (traduction libre). *(N.d.T.)*

tent dans le même espace-temps que le nôtre. Nous ne devrions pas perdre notre temps avec les « comment, pourquoi ou quand » pour nous préoccuper seulement des « actions ».

En faisant cela, nous sortons de notre être. Une fois complètement à l'extérieur de nous, tous les blâmes, les gémissements, les réactions et les grognements nous font perdre de vue la solution à notre portée, à savoir notre capacité à laisser aller le problème qui se trouve en nous. Si nous blâmons, nous nous débranchons (un peu comme quand notre service de câble est impayé. Zap ! Toutes les chaînes spécialisées disparaissent).

La solution qui s'impose n'est pas d'être axés uniquement sur la moralisation ou la déprime, mais simplement de continuer notre route sans jugement contre le plus précieux cadeau dont nous bénéficions : nous-mêmes.

Si je m'empêtre dans un nettoyage, je me retrousse les manches, je me secoue un brin et je recommence – une chance de plus de trouver une preuve hors de tout doute.

Je vous remercie,

Brian Om Collins

*
* *

COMMENT OBTENIR DES RÉSULTATS PLUS RAPIDEMENT ?

*Lorsque vous dites à la Divinité :
« S'il te plaît, pardonne-moi »,
ce n'est pas parce que la Divinité a besoin
de l'entendre, mais parce que vous avez
besoin de l'entendre.*

Dr Ihaleakala Hew Len

En dépit de toutes les preuves que vous avez lues dans les précédents chapitres, j'avais moi-même encore des doutes. J'ai fait part au Dr Hew Len que je n'arrivais pas toujours à obtenir des résultats immédiats avec le nettoyage. Il m'a dit : « Si tu arrives à voir le déploiement des résultats de ton nettoyage et du nettoyage effectué sur les autres, tu inspireras le respect. Et tu voudras faire encore plus de nettoyage. Les erreurs du monde sont contenues dans ton âme, tout comme elles le sont également dans la mienne », a-t-il ajouté. Shakespeare était incroyablement perspicace en disant : « Pauvre âme, centre même de ma terre corrompue, ces instincts rebelles qui te vêtent (sonnet 146). »

Shakespeare constate que la raison (intellect) provoque la tristesse, la confusion et la noirceur :

Follement pourchassée et, dès lors qu'on la tient,
Follement détestée, tel l'appât avalé,
Tendu pour rendre fou celui qui le saisit.

Sonnet 129

Shakespeare parle également des conséquences des mémoires :

Quant aux assises de la pensée muette et douce
Je convoque le souvenir des jours passés,
Sur maints désirs frustrés je soupire et ravive
D'anciens maux à gémir sur mon cher temps perdu.
…
Alors je puis souffrir de souffrances anciennes
Et tristement refaire, de chagrin en chagrin,
Le compte lourd des soupirs déjà soupirés
Pour le payer encore quoique l'ayant payé.

Sonnet 30

Morrnah, quant à elle, constate que le cadeau de la vie provenant de la Divinité a pour but de :

« Nettoyer, effacer, effacer et trouver. Votre propre Shangri-la. Où ? À l'intérieur de vous. »

Shakespeare et Morrnah sont des messagers pour nous révéler les mystères de l'existence.

Je me considérais assez ouvert d'esprit – du moins, autant qu'une personne peut l'être, une personne telle que Joe Vitale ou même Ao Akua. Pourtant, je ne comprenais toujours pas l'essence des propos que le Dr Hew Len tentait de m'expliquer. Je m'y suis tout de même accroché. Je me souvenais d'une phrase que j'avais écrite dans un de mes précédents livres : La confusion représente le merveilleux état avant la clarté.

Eh bien, j'étais dans ce « merveilleux état ».

De nombreux thérapeutes ont consulté le Dr Hew Len se plaignant d'être malades ou d'être incapables d'aider leurs patients. Voici une histoire à ce sujet. J'ai mis sur pied un programme de soutien miraculeux sur le site www.miraclescoaching.com et je souhaitais que mes accompagnateurs comprennent que la manière de guérir les autres consiste à se guérir soi-même ; les autres étaient en fait déjà parfaits. Le Dr Hew Len m'a transmis par courriel une explication à ce sujet :

> La fin de semaine dernière, lors d'une formation d'Identité de Soi Ho'oponopono donnée à Calabassa en Californie, un étudiant s'est soudainement exclamé très fort pendant que je parlais et il a dit :
> « Mon Dieu ! Je sais pourquoi j'ai l'estomac à l'envers quand je traite mes patients. Je prends délibérément leurs malheurs sur moi. Je n'ai pas à le faire. Je peux simplement nettoyer ces malheurs pour les libérer. »
> Les étudiants ont reçu une partie de la révélation que les guérisseurs ne saisissent pas. Ce qu'ils ne saisissent pas, c'est que le patient est parfait. Ce n'est pas le patient le problème ; ce n'est pas non plus le guérisseur. Le problème est ce que Shakespeare appelle « d'anciens maux à gémir sur mon cher temps perdu ».
> Le problème provient des mémoires erronées qui rejouent dans le subconscient – l'Unihipili – et qui sont partagées par le patient et par le guérisseur.
> L'Identité de Soi par Ho'oponopono est un processus de résolution de problème par le pardon, la repentance et la transmutation que tout le monde peut utiliser. C'est un processus de requête adressée à la Divinité pour lui demander de convertir les mémoires erronées qui se trouvent dans l'Unihipili pour les ramener à zéro, à n'être plus rien.

> Donc, tout cela est en vous. Les mémoires erronées dans votre Unihipili sont des problèmes répétitifs, que ce soit un problème de poids ou un problème avec votre fils ou tout autre problème. Et l'esprit conscient, l'intellect, ne sait rien de rien. Il n'a aucune idée de ce qui se passe.
>
> Ainsi en est-il. Ho'oponopono lance un appel intérieur à la Divinité, qui sait comment convertir n'importe quelle mémoire qui rejoue dans le subconscient afin de la ramener à zéro.
>
> Une remarque doit être faite : les attentes et les intentions n'ont aucune influence sur la Divinité. La Divinité fera ce qui est approprié au moment et de la manière qui lui sied.

Même si je ne comprenais pas encore le sens de tout cela, je voyais cependant les forces dans l'énonciation des mots *Je t'aime*. Ces mots semblaient suffisamment près de l'innocence. Quel mal pouvait-il bien y avoir en effet à dire *Je t'aime* en tout temps ? Aucun. En fait, zéro !

Comme le Dr Hew Len l'a expliqué un jour, il est nécessaire d'annuler les mémoires pour pouvoir ouvrir la voie à l'afflux d'abondance provenant de la Divinité. Tant et aussi longtemps que les mémoires (blocages et limitations) sont présentes dans le subconscient, elles empêchent la Divinité de nous offrir notre pain quotidien.

Je commence à ressentir que ce *Je t'aime* tout entier est un outil de nettoyage, de libération et d'annulation qui a besoin d'être partagé à travers le monde. Comme j'ai suffisamment l'esprit entrepreneurial développé pour détecter le potentiel de ce produit, j'ai approché Pat O'Bryan, un partenaire d'affaires, pour enregistrer une version audio unique de la méthode. Il a rapidement acquiescé. Pendant qu'il écrivait la musique, j'ai enregistré les quatre phrases et j'ai également écrit la version pour le site Internet (que vous pouvez trouver au www.milagroresearchinstitute.com/iloveyou.htm).

Pour Pat et moi, cet enregistrement audio et ce site Internet sont devenus des best-sellers. Toutefois, ce qui était encore plus significatif que les ventes était le fait que nous aidions les gens à s'éveiller au pouvoir de ce simple processus de nettoyage. Imaginez la pensée de milliers de personnes disant toutes *Je t'aime* !

Mark Ryan – l'ami qui m'a parlé le premier du mystérieux thérapeute ayant aidé des malades mentaux criminels à guérir – s'est aussi joint à moi dans la création d'un produit basé sur les révélations du Dr Hew Len.

Mark et moi avons développé une vidéo subliminale. Nous avons eu cette idée afin que le changement soit facile et sans effort. Tout ce que vous avez à faire est d'insérer le disque dans le lecteur DVD, de vous asseoir et d'écouter le spectacle. On peut y entendre des histoires racontées par Mark ou par moi et une musique inédite. Consciemment, vous voyez de beaux paysages tels que des îles ou des nuages. Vous ne pouvez voir consciemment les messages subliminaux qui apparaissent brièvement sur votre écran. Ces messages agissent comme des télégrammes adressés à votre inconscient. Les mots nécessaires à vous aider à abandonner tout ressentiment clignotent et vous amènent à ressentir l'amour. La vidéo est entièrement conçue pour aider toute personne à pardonner et à éprouver de nouveau l'amour (voir à ce sujet www.subliminalmanifestation.com).

Ce produit est aussi conçu pour aider les gens à nettoyer les blocages néfastes qu'ils ont en eux. Au fur et à mesure qu'ils nettoient, ils se rapprochent de l'expérimentation du bonheur que procure l'état d'être associé à zéro limite.

Au fur et à mesure que je poursuivais mon nettoyage, je découvrais toutes ces idées qui venaient à moi. Voilà que j'ai commencé à les appeler marketing inspiré. Dans le passé, il fallait que je crée un nouveau produit à partir d'idées ou de produits qui existaient déjà. Maintenant, il est beaucoup plus puissant et moins stressant de simplement permettre aux idées de surgir en moi. À partir de là, tout ce qu'il me reste à faire est d'utiliser ces idées. C'est ainsi que Pat et moi en sommes venus à créer l'enregistrement audio *Je t'aime*. Et voilà comment Mark et moi avons créé la vidéo subliminale. Les idées me viennent à l'esprit et je les exécute ensuite.

Si vous vous arrêtez et si vous observez les incidences de ce processus, vous devriez en être intimidé. Ce que je désire exprimer ici, c'est que le nettoyage est de loin ce qui importe le plus. En nettoyant, les idées affluent. Et certaines d'entre elles peuvent vous rendre très, très riche.

Le Dr Hew Len offre plusieurs manières d'effectuer des nettoyages continus, toutes issues de sa propre création. L'une d'elles est représentée par un symbole qui, un jour, lui a été inspiré. Le voici :

Il a placé ce symbole sur sa carte professionnelle et il l'a également reproduit sous forme d'autocollants et d'épinglettes (voir www.businessbyyou.com). Il nous a dit que le mot *Ceeport*[1] signifie « nettoyer, effacer, effacer tout en retournant à bon port – l'état zéro.

---

1. En anglais : Clear, Erase, Erase while returning back to port. *(N.d.T.)*

J'ai acheté deux épinglettes parce que je suis maintenant convaincu que le nettoyage est la seule façon d'obtenir plus rapidement des résultats. Grâce aux autocollants, j'ai pu placer ce symbole partout, de ma voiture à mon ordinateur en passant par mon portefeuille jusque sur les équipements dans ma salle d'entraînement. Je le collerais même sur mon front si je n'avais pas peur d'avoir l'air étrange. Bien sûr, je pourrais toujours me faire tatouer ce symbole.

Un jour, alors que le Dr Hew Len me rendait visite pour parler de ce livre, je lui ai montré ma carte professionnelle. Un ami m'a photographié devant ma toute nouvelle voiture, une Panoz Esperante GTLM 2005, luxueuse et exotique voiture sport assemblée à la main à l'extérieur d'Atlanta. Je savais que j'avais l'air confiant et que je dégageais probablement l'abondance sur cette photo, mais je n'avais pas figuré à quel point cette image pouvait être puissante (voir la photo de Francine et moi sur ma carte professionnelle).

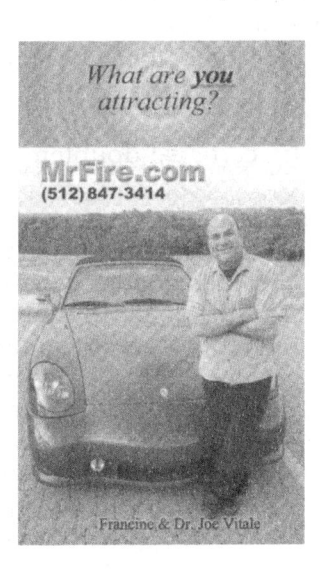

« C'est un outil de nettoyage, m'a dit le Dr Hew Len après l'avoir regardé pendant un bref moment. Tu peux nettoyer des mémoires et du négativisme en passant ta carte professionnelle au-dessus des choses, des gens ou au-dessus de toi. »

Qu'il ait raison ou non, cela m'a donné plus d'assurance au sujet de ma carte et davantage le désir de la faire circuler auprès des gens. Immédiatement, j'ai passé la carte au-dessus de mon corps afin de nettoyer tout le négativisme autour de moi. Le Dr Hew Len a souri, puis s'est mis à rire.

Le Dr Hew Len m'a également dit que le logo de la compagnie Panoz, un sigle composé d'un tourbillon yin-yang et d'une feuille de trèfle, était aussi un outil de nettoyage. Il a dit qu'il s'agit là d'un puissant symbole de nettoyage aussi grâce à ses couleurs : rouge clair, blanc, bleu et vert. Depuis ce moment, j'adore ma Panoz et je lui accorde pas mal d'importance. Penser qu'elle me nettoie chaque fois que je m'assois derrière le volant me fait sourire.

Ce qui est le plus merveilleux au sujet de ma carte professionnelle, c'est qu'elle contient une image de ma voiture, avec le sigle de Panoz en plein sur le capot. Ainsi, cette carte est doublement un outil de nettoyage.

Je suis persuadé que les gens vont croire que le Dr Hew Len est cinglé. Cependant, que vous le croyiez fou ou non, les résultats que les autres et moi avons obtenus avec ces outils de nettoyage « cinglés » tels que ma carte ou le motif Ceeport sont réels. En faire l'énumération ne fera guère de différence, si vous avez un esprit purement sceptique. Après tout, entendre parler des gens qui ont mis des autocollants Ceeport dans leur bureau pour augmenter leurs ventes semblera sûrement bête ou superstitieux. Eh bien, peut-être est-ce l'effet placebo : cela fonctionne parce que vous croyez que cela fonctionne. Si c'est le cas, alors je vous dis de continuer de le faire.

Par exemple, Marvin, un vendeur, dont nous parlerons plus amplement dans le prochain chapitre, a fracassé tous les records de ventes de voitures luxueuses à des clients. Il m'a dit qu'il avait placé des autocollants partout. « J'en ai collé sous mon bureau, sur le plafond, sur mon ordinateur, sur la cafetière, sous les voitures, dans la salle d'exposition, dans la salle d'attente et plus encore, m'a-t-il dit. Je n'ai même pas eu d'escompte pour acheter ces autocollants. J'en ai acheté des centaines et je les ai utilisés partout. »

Peut-être que c'est la foi en ces outils de nettoyage qui fait que cela fonctionne.

Ou encore que ce sont ces outils mêmes qui font tout le travail.

En définitive, qui sait ?

Un jour, un médecin m'a dit : « Tous les médicaments causent un effet, les médicaments d'origine et les placebos ». Si ma carte professionnelle est un placebo, elle est beaucoup moins dispendieuse que bien d'autres.

Alors, si cela fonctionne, faites-le.

Nettoyez, nettoyez, nettoyez.

COMMENT OBTENIR UNE PLUS GRANDE RICHESSE ?

Je suis le « Je »
Owan no ka I

Le séminaire suivant que j'ai fait avec le Dr Hew Len était différent du premier. Même si son discours tournait encore autour du nettoyage et du gommage des programmes ou des mémoires, son approche, quant à elle, était beaucoup plus détendue et impromptue. Il a amorcé sa présentation en nous montrant une balle de baseball et en nous demandant quel était le point majeur de ce jeu ?

« Cogner un coup de circuit », a dit quelqu'un.

« Gagner », s'est écrié un autre.

« Garder les yeux sur la balle », ai-je dit.

« Exactement », a répondu le Dr Hew Len avec son fort accent hawaïen. « Pour gagner ou cogner un coup de circuit, il faut garder les yeux sur la balle en tout temps. Mais dans notre exemple, que représente le baseball dans votre vie ? » Toute l'assistance est restée silencieuse. « Votre respiration », lance quelqu'un. « Ce moment », dit un autre.

Le Dr Hew Len voyait que nous ne saisissions pas le lien, alors il nous a donné une réponse : « Le baseball est la Divinité, a-t-il dit. Il faut que le retour à zéro, que l'absence de mémoire, que l'absence de programme, que zéro soit notre point de mire. »

Nettoyer, nettoyer, nettoyer.

Tout ce que nous faisons ici est de nettoyer ou de ne pas nettoyer. Nous pouvons choisir tout ce que nous aimons, mais nous ne décidons pas si nous l'obtiendrons ou non. Faisons confiance à la Divinité pour nous offrir ce qui est approprié pour nous. Connaissons-nous quelque chose de mieux que la Divinité ? Difficile ! Alors, allons-y.

Nettoyons, nettoyons, nettoyons.

J'ai dit au Dr Hew Len : « Mon intention est d'être aligné sur l'intention Divine.

— C'est bon pour toi, Joseph. »

Les intentions sont des limitations. Nous désirons avoir une place de stationnement en face de chez nous. Nous avons l'intention de l'avoir. Cependant, la Divinité nous en offre une un kilomètre plus loin. Pourquoi ? Parce que nous avons besoin de marcher. Allons-y, nettoyons, nettoyons, nettoyons !

J'ai passé deux autres jours avec le Dr Hew Len. Treize personnes formaient l'assistance. L'objectif de la formation était de voir comment se manifestent les problèmes.

« Vous avez toujours des problèmes », a-t-il déclaré. J'ai résisté en attendant ces propos, mais je les ai tout de même notés. Nettoie, nettoie, nettoie.

Puis il a ajouté : « Les problèmes sont des mémoires qui rejouent. Les mémoires sont des programmes. Ils ne vous appartiennent pas uniquement. Ils sont partagés avec d'autres personnes. Envoyer de l'amour à la Divinité permet de libérer une mémoire. La Divinité entend et répond à cet appel, mais de la manière la plus appropriée pour tous et au meilleur moment.

Vous choisissez, mais vous ne décidez pas. C'est la Divinité qui décide.

Je ne comprenais pas. Nettoyer, nettoyer, nettoyer.

Marvin, un joyeux compagnon des Philippines, pratiquement toujours souriant, s'est levé et il a expliqué qu'il avait vendu des voitures luxueuses pour une valeur de cent cinquante millions de dollars dans une année sans même essayer de vendre quoi que ce soit à personne. Tout ce qu'il a fait, c'est nettoyer.

« Tout ce que j'ai fait, c'est dire *Je t'aime* à longueur de journée », a-t-il expliqué avec son accent anglais. « En écoutant les gens, je nettoyais. Tout ce que j'ai fait, c'est nettoyer, nettoyer, nettoyer. Toujours nettoyer. »

Sceptique, je lui ai demandé : « Tu n'avais aucune intention ? – Jamais, a-t-il répondu. Pas d'attente. Je me présentais au travail et je nettoyais. »

Nettoyer, nettoyer, nettoyer.

Durant deux jours, j'ai écouté les histoires de nettoyage racontées par des gens tels que vous et moi. Mais tout cela est si difficile à croire. Le monde peut-il changer en disant simplement *Je t'aime* et en nettoyant ? Tu as vendu plus de voitures ? Tu as gagné plus d'argent ? Hum ?

Le Dr Hew Len ajoute : « Vous êtes entièrement responsable de tout cela. Cela est en vous. Tout cela. Sans exception. Il vous faut le nettoyer ou choisir de ne pas le faire. »

Nettoyer le terrorisme ?

Nettoyer, nettoyer, nettoyer.

Nettoyer l'économie ?

Nettoyer, nettoyer, nettoyer.

Nettoyer (complétez la phrase) ?

Nettoyer, nettoyer, nettoyer.

« Si cela se manifeste dans votre expérience, libre à vous de le nettoyer », a dit le Dr Hew Len.

À la pause, j'ai téléphoné à la maison pour savoir si Nerissa et nos animaux se portaient bien et Nerissa m'a étonné en me disant qu'elle avait passé la journée à me préparer une surprise. Elle avait une longue liste de choses à faire. Alors, qu'elle puisse avoir pris le temps de faire quoi que ce soit pour moi me semblait peu probable.

« Qu'est-ce que c'est ?, lui ai-je demandé.
— Une immense surprise.
— Raconte.
— Tu ne devineras jamais dans cent ans, a-t-elle dit.
— Ne m'oblige pas à deviner. Je n'ai pas cent ans. »

Avant d'aller plus loin, laissez-moi juste vous mettre au parfum un moment. Nerissa était très stressée au sujet des nombreux projets qu'elle menait de front. Elle avait peine à suivre la cadence. Un de ses projets était une vidéo qu'elle réalisait pour moi et une seconde pour un client. Elle a conçu un logiciel qu'elle souhaitait promouvoir. Elle devait également prendre soin de nos animaux et de la maison durant mon absence. Elle n'avait pratiquement pas le temps de planifier sa journée avec tout ce travail à faire par elle-même. Imaginez ma surprise quand elle m'a dit ce qui suit : « J'ai vidé toute ta garde-robe et je l'ai réaménagée. »

Nettoyer, nettoyer, nettoyer.

J'étais sidéré. Faire le grand ménage de ma garde-robe n'était pas sur sa liste de priorités ni dans la mienne.

« J'ai décroché tous tes vêtements et les tablettes, puis j'ai installé de nouvelles étagères et j'ai replacé tous les vêtements que j'avais mis sur le plancher. »

J'étais aussi étonné que si elle m'avait offert un chèque – disons de cinq millions de dollars.

C'était incroyable !

Qu'est-ce qui t'a pris de faire cela ? lui ai-je demandé.
– Cela faisait un moment déjà que je souhaitais le faire », m'a-t-elle dit.

Elle voulait le faire ? Peut-être bien. Mais elle n'avait pas le temps. C'était totalement inespéré.

Le Dr Hew Len affirme que lorsque nous nettoyons les mémoires, ce qui en résulte est l'inspiration. Nerissa fut apparemment inspirée de nettoyer ma garde-robe. C'est une métaphore et cela prouve qu'en faisant du ménage à l'intérieur de nous, cela se manifeste à l'extérieur de nous.

Nous ne pouvons prévoir ce qui en résultera. Une fois de plus, nous pouvons choisir, mais nous ne décidons pas.

Plus tard, dans la chambre d'hôtel du Dr Hew Len, lui et moi étions assis comme le maître et le disciple. Un détail important : il me considérait comme le maître.

« Joseph, tu es l'un des dix phénomènes de Dieu. »

Je le suis ? J'étais flatté, mais il fallait que j'admette n'avoir aucune idée de ce dont il parlait.

« Tu es venu ici pour aider à éveiller le Divin chez les gens, m'expliqua-t-il. Ton écriture est fascinante. C'est ton cadeau. Mais il y a plus encore. »

Plus ?

Nettoyer, nettoyer, nettoyer.

« Tu es l'homme J des affaires, a-t-il ajouté. Sais-tu ce que cela veut dire ? »

Je n'en savais rien et je lui ai dit.

Il a dit : « Tu es le Jésus des affaires, l'homme de la situation pour le changement. »

Au fur et à mesure qu'il parlait, je me disais qu'il serait préférable de garder cette conversation pour nous. Personne ne voudrait le croire. Même moi, je n'y croyais pas.

Nettoyer, nettoyer, nettoyer.

« Quand j'étais avec Morrnah, ajouta-t-il, se référant à ces années passées avec cette Kahuna qui lui a enseigné la version améliorée Ho'oponopono, pendant cinq ans, j'ai cru qu'elle était folle. Mais un jour, cette pensée s'est dissipée. »

Le style du Dr Hew Len est plutôt incohérent, poétique et visionnaire. Il semble utiliser les côtés gauche et droit de son cerveau simultanément, alors que tout le monde reste en plan sur l'un de ces côtés. Il a continué à me dire que j'étais le sauveur du monde des affaires tout en poursuivant ses propos au sujet de Morrnah. Il est unique et sa manière d'être me fascine. Chaque fois, je suis rivé à ses lèvres. J'en veux plus.

Puis il a dit : « Il y a une couronne autour de ta tête, Joseph, voyant quelque chose que je ne voyais ou ne sentais pas. Elle est faite de symboles en lien avec l'argent, tel l'aigle. »

Je ne sais pourquoi, mais je me sentis poussé à lui montrer une bague que je portais. C'est une bague en or massif âgée de deux mille cinq cents ans elle provient de la Rome ancienne. Il a tendu la main et a posé cette bague sur sa paume.

« Les écritures sont en latin ! » lui ai-je dit. *Fidem* signifie « foi ».

Le Dr Hew Len est demeuré silencieux le temps qu'il tenait la bague. Il semblait recevoir des images ou des impressions. Dans le calme, je l'ai observé tourner la bague sur elle-même.

« Dans une vie antérieure, tu as été un grand orateur, m'a-t-il dit. Mais tu étais un criminel et un meurtrier. Cette bague vient guérir cette mémoire pour toi. »

C'était intéressant. Il m'arrivait souvent d'avoir de brefs souvenirs de l'époque où j'avais été un légendaire orateur dans le passé, mais aujourd'hui, j'ai peur de parler en public, car je sais qu'on m'a alors assassiné après une allocution. Je croyais qu'il s'agissait d'une mémoire inventée par mon ego et non pas d'une vie antérieure. D'une certaine manière, le Dr Hew Len a capté cette mémoire en prenant ma bague.

Je la porte rarement, lui ai-je avoué. « Porte-la, a-t-il dit. Toujours. »

Il fixait la bague. Puis, il a dit : « C'est incroyable ! Cette bague a été conçue par un guérisseur qui connaissait la valeur de la connaissance de soi. »

J'étais complètement fasciné. Le Dr Hew Len avait l'aura d'une mer paisible dans la tempête de la réalité. Alors que le monde tourbillonnait, il semblait si calme. Il laissait son cœur parler, acceptant tout ce qui survenait et tout ce qu'il disait. Il m'a regardé droit dans les yeux, puis son regard s'est tourné vers mes pieds. Et réellement porté par ce qu'il voyait en moi, il a dit : « Mon Dieu, Joseph, je devrais m'agenouiller à tes pieds. Tu es comme Dieu. »

Nettoie, nettoie, nettoie.

Durant la fin de semaine de formation, il m'a rappelé et il a rappelé à tous les participants ceci : « Nous sommes ici juste pour nettoyer. Toujours nettoyer, incessamment nettoyer toutes les mémoires afin que le Divin puisse nous inspirer ce que nous sommes venus faire ici ».

Nettoyer, nettoyer, nettoyer.

Durant la formation, j'ai réalisé que j'avais nettoyé un de mes livres, mais pas l'autre. J'avais passé du temps à aimer *Le Facteur d'attraction*, lequel est devenu le numéro un des livres à succès. Cependant, je n'avais pas passé beaucoup de temps à aimer un autre de mes livres : *There's a Customer Born Every Minute*[1], lequel ne s'est pas vendu aussi bien. Lors de cette prise de

---

[1]. Joe VITALE, *There's a Customer Born Every Minute : P.T. Barnum's Amazing 10 Rings of Power for creating Fame, Fortune, and a Business Empire*, Hoboken, NJ, John Wiley & Sons, 2006.

conscience, une énergie insoupçonnée est montée le long de ma colonne vertébrale. Voilà pourquoi cela n'avait pas fonctionné aussi bien pour ce livre que pour les autres.

Lorsque j'ai participé à la première formation, j'ai appris que je pouvais utiliser l'efface au bout d'un crayon pour m'aider à nettoyer. Il suffisait seulement de tapoter un objet avec l'efface. C'est tout. C'est un symbole, voire un nettoyage des mémoires bien réel. J'ai sorti un exemplaire de mon dernier livre, *Life's Missing Instruction Manual*[1], et j'y ai placé un crayon sur la couverture. Chaque jour, durant un mois, je l'ai tapotée. Quand je marchais aux alentours, je m'arrêtais, je prenais le crayon et je tapotais l'efface sur le livre. C'est fou. Toutefois, ce fut un dispositif psychologique pour m'aider à nettoyer les mémoires entourant le livre. Eh bien, ce livre a connu le succès instantanément et il est demeuré numéro un durant quatre jours. Des grosses compagnies en ont acheté des milliers d'exemplaires. Wal-Mart en a fait des provisions. Le magazine *Woman's Day* l'a présenté.

Toutefois, je n'avais fait aucun nettoyage pour *There's a Customer Born Every Minute*. Le livre est paru. Il était presque sur la liste des succès de librairie, mais il n'a pas réussi à se hisser parmi les dix premières ventes. Pourtant, une compagnie de publicité imposante avait tout orchestré pour qu'on y prête intérêt. On lui a accordé un peu d'attention, mais cela n'a pas été suffisant pour faire bouger les ventes. J'en ai parlé au Dr Hew Len.

« Dans ton esprit, plonge le livre dans un pichet rempli d'eau et de fruits, m'a-t-il conseillé. Je sais,

---

1. Joe VITALE, *Life's Missing Instruction Manual : The Guidebook You Should Have Been Given at Birth*, Hoboken, NJ, John Wiley & Sons, 2006.

c'est étrange. Mais, fais-le aujourd'hui, plonge le livre dans l'eau et observe ce qui se produira ensuite. »

Il m'a de nouveau surpris en me parlant d'Oprah.

« Tu veux aller à son émission ? »

J'ai marmonné que j'adorerais y aller un jour. À ce moment-là, je n'étais pas encore allé à l'émission en direct de Larry King, alors l'émission d'Oprah me semblait être quelque chose d'énorme. « Il est nécessaire de te nettoyer pour ne pas être déstabilisé », m'a-t-il ensuite conseillé.

Nettoie, nettoie, nettoie.

« Deux auteurs y sont allés et ils ont perdu pied, m'a-t-il expliqué.

— Je ne veux pas que cela m'arrive, ai-je dit.

— Quand tu iras à l'émission d'Oprah, ce sera pour ses raisons à elle et non pour les tiennes, a-t-il ajouté.

— C'est très juste, ai-je déclaré.

— Il est nécessaire de laisser tomber l'idée que les gens font les choses pour toi. Ils font les choses pour eux-mêmes. Tout ce que tu as à faire, c'est de nettoyer. »

Nettoyer, nettoyer, nettoyer.

Avant que le Dr Hew Len ne parte pour ce voyage, je lui ai reparlé de l'époque où il était psychologue attitré de cet hôpital pour malades mentaux criminels.

Il m'a alors dit : « J'aimerais être clair à ce sujet. Ce ne fut pas facile et je n'ai pas fait cela tout seul. »

J'aurais aimé en savoir plus. Tellement plus.

Nettoie, nettoie, nettoie.

Il semble que toutes les personnes qui mettent en pratique Ho'oponopono ont une histoire plutôt fascinante à raconter. Par exemple :

Cher Dr Hew Len,

J'ai participé à la formation Ho'oponopono offerte récemment à Philadelphie. Je veux vous adresser des remerciements sincères et humbles provenant de mon cœur attendri pour m'avoir rappelé le chemin de ma Demeure. Je suis éternellement reconnaissant envers le Divin, envers vous et envers tous les enfants qui vous aident à faire ce travail d'enseignement.

En quelque sorte, ce qui suivra est un témoignage en réponse à l'atelier. C'est un partage offert à ceux qui aimeraient découvrir la puissance d'Ho'oponopono. Si cela est utile de le partager, s'il vous plaît, n'hésitez pas à le faire. Si cela n'est pas à propos, laissez-le de côté et puisse ma gratitude être pleinement suffisante.

Mes plus sincères remerciements sont adressés à vous tous. Puisse Dieu vous accorder la paix, la sagesse, la santé et une longue vie dans laquelle vous pourrez nettoyer et revenir à la maison.

Beaucoup, beaucoup d'amour et de bénédictions.

Dana Hayne.

Témoignage du rassemblement Ho'oponopono de Philadelphie

Il a commencé l'atelier par une conférence et des illustrations. Il avait préparé la cosmologie d'Ho'oponopono. Il nous a demandé : « Qui êtes-vous ? Le savez-vous ? » Ensemble, nous avons exploré l'incroyable, l'éternelle, l'illimitée, l'entière, la complète et la vide réalité zéro de notre vrai « moi » d'où émane toute la paix. Il l'appelle « la maison ». Ensuite, nous avons exploré avec lui la nature de « ce qu'est un problème ». Il a demandé : « Avez-vous déjà remarqué que là où il y a un problème, vous y êtes également ? Est-ce que cela vous dit quelque chose ? ». À l'instar de Socrate, il nous a finement poussés dans un processus de réflexion à l'aide de questions et de réponses. Selon le peu que j'en sais, le Dr Hew Len a adroitement exhumé ces mémoires et ces jugements cachés pour les nettoyer et les transformer.

Prise au filet, j'ai levé ma main, j'ai posé des questions et j'ai exprimé des commentaires. Cependant, au fur et à mesure que la journée avançait, il me semblait que chaque fois que je posais une question au Dr Hew Len, il me critiquait. J'avais l'impression qu'il se payait ma tête. Chacune de ces réponses me rongeait et je me sentais honteuse et humiliée aux yeux de tous.

Le dimanche matin, j'étais si furieuse contre le Dr Hew Len que je désirais partir. Selon moi, il était arrogant, autoritaire et dominateur. Je me suis assise là, fulminant, furieuse et prête à éclater en sanglots.

J'étais si en colère que mon seul désir était de partir. Incertaine de m'en aller ou non, je me suis levée et je suis allée aux toilettes, de peur de pleurer au beau milieu de la salle. Je me suis assise dans l'une des cabines remplie d'ammoniaque et j'ai senti que ma colère provenait de la rage. Oh ! Je sentais cette rage meurtrière. Une partie de moi ne voulait pas laisser aller cette rage. Mais quelque chose d'autre m'incitait à dire pardonne-moi, pardonne-moi, je t'aime.

J'ai continué à répéter cela encore et encore à cette rage. Puis, j'ai réalisé que celle-ci n'était pas un nouveau sentiment et que j'avais éprouvé auparavant cette même rage, comme une brûlure s'infiltrant et se camouflant en arrière-plan de ma conscience. Quand mon mari me critiquait ou quand (en fait toujours) ma mère, qui était avocate, insistait pour avoir raison. Oh ! Elle était si habile avec les mots qu'elle pouvait décrire du noir comme si c'était du blanc, semant la confusion dans mon cœur d'enfant.

Puis, j'ai compris. Je l'avais. Ah ! C'était cela ! La poutre dans mes yeux, la poutre que je croyais être dans le cœur des autres était en fait une quelconque mémoire ancienne. Telle une épée dans mon cœur, je traînais de force cette mémoire dans mon quotidien, transperçant tous ceux que je croisais au passage. Le Dr Hew Len, ma mère, mon mari, Bush, Saddam Hussein ou tous les autres que j'accusais ou que je poignardais. Voilà ce dont le Dr Hew Len nous avait parlé au sujet du film qui rejoue sans cesse en boucle perpétuelle, encore et encore.

J'ai choisi de rester. Je suis retournée dans la salle de conférences et j'ai expérimenté un profond état de calme durant le reste de la journée. J'ai continué à répéter silencieusement dans ma tête : « Je suis désolée. S'il te plaît, pardonne-moi. Merci. Je t'aime. » À partir de ce moment, lorsqu'il répondait aux questions, je ressentais beaucoup d'amour pour lui et plus aucune rage comme précédemment. En lui, rien n'avait pourtant changé. C'était en moi que le changement avait eu lieu.

Quelque temps après être retournée dans la salle, le Dr Hew Len nous a partagé une expérience personnelle liée à ses débuts avec Ho'oponopono. Il a abandonné le cours pas une mais trois fois et, chaque fois, c'était parce qu'il trouvait la formatrice cinglée, sans jamais être remboursé pour le coût de l'atelier. Était-il capable de lire mes pensées ? Savait-il que j'avais failli quitter parce que je le croyais fou ?

Au cours de la pause qui a suivi, je me suis approchée en douce du Dr Hew Len. D'une façon très aimante, il expliquait que la mémoire antique répétitive concernant la dominance mâle lui avait monté à la tête.

Il a expliqué qu'il s'agissait là d'une mémoire commune à plusieurs personnes et que cette dernière nécessitait beaucoup de persévérance et de diligence. Ce n'est qu'au retour à la maison que j'ai commencé à comprendre en profondeur la guérison qui s'était opérée en moi lors de l'atelier.

Durant toute la fin de semaine, le Dr Hew Len nous a donné des outils de transformation, des outils qui défient complètement le plan intellectuel. Sans attendre de résultats, j'ai consciencieusement, mais sceptique, pris mon crayon et j'ai dit : **Gouttes de rosée**, et j'ai tapoté les trois mots que j'ai écrits sur la feuille de papier, les mots qui décrivaient selon moi le problème – **ordinateur**, **fils** et **époux**. Ici aussi, ce n'est qu'une fois à la maison que j'ai pu voir la puissance de ces mots.

Quand je suis rentrée à la maison, mon mari et mon fils m'ont accueillie. Arborant tous deux un large sourire, ils m'ont dit : « Devine ce que nous avons eu durant ton absence. – Un nouvel ordinateur ? » ai-je demandé. Nous avions des problèmes avec notre ordinateur qui nous avait – sans mentir – nécessité des heures et des heures d'assistance technique à domicile. À un point tel que je me demandais sérieusement si cet ordinateur était un citron, un génie ou un fantôme. Plus important encore, cet ordinateur si précieux avait été la cause de plusieurs différends familiaux dans les dernières semaines. Voilà pourquoi je souhaitais tant l'harmonie.

Quand mon mari et mon fils ont tous deux dit oui, qu'ils avaient acheté un nouvel ordinateur, j'ai donc été un peu surprise. Pourtant, la veille, ils avaient convenu d'attendre six mois pour pouvoir acheter le tout nouveau processeur de 64 octets. « Devine quelle sorte ? », m'ont-ils dit. J'ai passé la liste complète : Dell, Hewlett-Packard, Sony, Gateway, Compaq et ainsi de suite. J'ai passé en revue toutes les sortes d'ordinateurs que vous pouvez imaginer. « Non, non, non », ont-ils répondu à chacune de mes réponses. « J'abandonne », ai-je crié.

Cela fait trente ans que nous sommes mariés et mon mari a la tête dure. Il a une volonté de fer qui, lorsqu'elle est alignée et consciente, n'est rien de moins qu'une fantastique détermination. Par contre, quand elle n'est pas consciente, cette détermination ressemble davantage à de l'entêtement et alors tout stagne en lui. Comme avocat, il a été l'ardent défenseur des PC et rien – je dis rien – ne pouvait le faire changer d'idée à ce sujet. Alors, quand les deux ont crié : « Apple », j'ai failli tomber par terre. Voyez-vous, au départ, je voulais un Apple, mais les Apple étaient aussi interdits dans notre maison que le porc l'est dans les maisons cachères.

Tout cela peut sembler banal pour certains, toutefois, cela fait trente ans que je suis mariée. Durant ces années, mon mariage a traversé des hauts et des bas, et tous deux nous sommes démenés vers un objectif commun d'unité et d'égalité. Ce choix d'un ordinateur apparemment sans conséquence représente le dépôt de l'épée que seuls ceux engagés dans la bataille ont pu reconnaître. Ce que je veux dire ici, c'est que je n'aurais pas été plus surprise si vous m'aviez annoncé la libération du Tibet par la Chine.

Mentalement, je me suis souvenue du moment où j'ai levé mon crayon et que j'ai dit : **Gouttes de rosée**, *et que j'ai tapoté* **mari, ordinateur** *et* **fils**. *Est-ce que trente ans de conflits pouvaient être si rapidement et facilement dissous ? Est-ce que le fait de dire :* **Je suis désolée, pardonne-moi, merci** *et* **je t'aime**, *pouvait transformer une vie entière de conflits extérieurs avec les figures d'autorité – ma mère, la compagnie de téléphone, mon mari ? Tout ce que je sais, c'est que cela fait maintenant deux semaines que l'atelier a eu lieu. Je mets en pratique ce que le Dr Hew Len m'a enseigné aussi religieusement que possible. Mon fils a traversé une très longue maladie et mon mari et moi dialoguons de choses que j'avais l'habitude de garder en moi parce* *que je me refusais à lui en faire part. Oh ! Et la nuit dernière, mon mari m'a dit : « Tu sais, chérie, si tu en as envie, tu peux t'acheter un ordinateur portable pour tes besoins personnels. »*

LES ESPRITS SCEPTIQUES DÉSIRENT SAVOIR

Le but de la vie est d'être Amour, à chaque instant. Pour atteindre ce but, l'individu doit reconnaître qu'il est cent pour cent responsable de créer sa vie telle qu'elle est. Il doit voir que ce sont ses pensées qui créent sa vie telle qu'elle est à chaque instant. Les problèmes ne proviennent pas des gens, des endroits et des situations, mais plutôt des pensées qui leur sont rattachées. Il doit réaliser qu'il n'y a rien de tel à l'extérieur.

Dr Ihaleakala Hew LEN

Comme je l'ai mentionné précédemment dans le livre, j'ai écrit un autre article intitulé « Le thérapeute le plus étonnant du monde » et je l'ai envoyé sur mon blogue. Je l'ai également placé sur mon site Internet au www.mrfire.com. Il a été reproduit dans le livre de David Riklan, *101 Great Ways to Improve Your Life*[1]. Il est devenu l'article le plus largement diffusé et discuté que j'aie écrit dans ma vie. Les gens l'ont fait circuler dans leur bulletin d'informations, l'ont transféré à leurs amis, l'ont envoyé à leurs listes de courriels personnels et à leurs courriels d'affaires et plus encore.

---
1. David RICKLAN, *101 Great Ways to Improve Your Life*, Marlboro, NJ, Self-Improvement Online, 2006.

Apparemment, son message a inspiré les gens. C'est d'ailleurs cet article qui a attiré l'attention de mon éditeur, John Wiley & Sons, et qui m'a ensuite mené à écrire ce livre pour vous.

Toutefois, l'article n'a pas suscité l'assentiment général. Quelques personnes ne croyaient pas que quiconque, même un psychologue, puisse guérir des malades mentaux criminels enfermés dans un asile. L'une d'elles a écrit au Dr Hew Len pour lui demander une preuve. Cette personne désirait connaître les faits entourant cette expérience du Dr Hew Len à l'asile. J'en conviens, la vérité doit être révélée.

Alors, voici la réponse détaillée que le Dr Hew Len lui a faite :

L'histoire, comme bien des histoires qui circulent, a besoin d'être clarifiée.

Il est vrai que :
   1. J'ai travaillé pendant plusieurs années à l'hôpital de l'État d'Hawaï, une unité psychiatrique gérée par le Département de la santé de l'État d'Hawaï, comme psychologue rémunéré.
   2. De 1984 à 1987, j'y ai travaillé en psychologie, à raison de vingt heures par semaine dans l'unité sous haute surveillance dans laquelle on gardait des patients masculins qui avaient commis des actes criminels tels que des meurtres, des enlèvements, de la consommation de drogue, des agressions et des voies de faits contre la personne ou contre la propriété d'autrui.
   3. En 1984, quand je suis entré à l'unité sous haute surveillance comme psychologue salarié, toutes les chambres d'isolement étaient occupées par des patients violents.
   4. Chaque jour, plusieurs patients devaient être attachés aux chevilles et aux poignets par des

menottes en métal afin de prévenir la violence envers les autres.
5. *Dans cette unité, la violence entre les patients ou entre les patients et le personnel était courante.*
6. *Les patients n'étaient pas impliqués personnellement dans les soins qu'on leur prodiguait ou dans leur réhabilitation.*
7. *Il n'y avait aucune activité ou travail de réhabilitation interne.*
8. *Il n'y avait aucune activité d'animation, aucune récréation ni aucun travail offert à l'extérieur de l'unité.*
9. *Les visites par les familles des patients étaient extrêmement rares dans cette unité.*
10. *Aucun patient ne pouvait sortir de l'unité sous haute surveillance sans la permission écrite d'un psychiatre et sans être menotté aux chevilles et aux poignets.*
11. *Le coût pour l'hébergement d'un patient typique dans cette unité s'additionnait avec les années et il en coûtait, je crois, autour de 30 000 $ par année.*
12. *Les départs d'employés pour cause de maladie étaient extrêmement élevés sur cette aile.*
13. *L'environnement physique était terne et quelque peu délabré.*
14. *Le personnel de l'unité était composé de personnes fondamentalement merveilleuses et bienveillantes.*
15. *Ce que je viens de décrire est probablement caractéristique de la plupart des unités psychiatriques au pays.*

Quand j'ai quitté l'unité et les bâtiments en 1987 :
1. *Les chambres d'isolement n'étaient plus jamais utilisées.*

2. *Plus personne n'avait recours aux menottes aux poignets et aux chevilles non plus.*
3. *Les actes de violence étaient extrêmement rares, et lorsqu'il y en avait, ils provenaient majoritairement des nouveaux patients.*
4. *Les patients étaient responsables de leurs propres soins, incluant l'organisation de leur hébergement, le travail et les services juridiques nécessaires avant de quitter l'unité et les bâtiments.*
5. *Des activités extérieures telles que le jogging et le tennis ont été mises en place sans avoir recours à l'approbation du psychiatre ou sans l'utilisation des menottes aux poignets et aux chevilles.*
6. *Des activités de travail ont débuté, comme un lave-auto, sans avoir l'approbation du psychiatre et sans utiliser les menottes aux poignets et aux chevilles.*
7. *D'autres activités de travail à l'unité consistaient à cuisiner des biscuits et à polir des souliers.*
8. *Les familles des patients ont commencé à venir les visiter.*
9. *Les congés de maladie chez le personnel ne constituaient plus un problème chronique.*
10. *L'environnement de l'unité s'est vraiment amélioré grâce à des travaux de peinture et d'entretien, mais surtout parce que les gens en prenaient soin.*
11. *Les membres du personnel de l'unité étaient plus enclins à soutenir les patients afin qu'ils soient cent pour cent responsables d'eux-mêmes.*
12. *De l'entrée au départ de l'hôpital, le séjour des patients a été grandement écourté, passant de quelques années à quelques mois.*
13. *La qualité de vie tant chez les patients que chez le personnel s'est accrue considérablement, passant d'un climat de surveillance à un climat*

familial où les gens prenaient soin les uns des autres.

À titre de psychologue de l'établissement, qu'est-ce que j'ai apporté comme contribution ? J'ai appliqué l'Identité de Soi Ho'oponopono, un procédé de repentance, de pardon et de transmutation des problèmes qui se déroulait en moi consciemment ou inconsciemment avant, pendant et après chacun de mes passages à l'unité.
Je n'ai fait aucune thérapie ni consultation avec les patients de cette unité.
Je n'ai participé à aucune rencontre des employés pour étudier les dossiers des patients.
Comme psychologue de l'établissement, j'ai personnellement pris la responsabilité à cent pour cent de nettoyer ce qui se trouvait en moi et qui m'occasionnait des problèmes. Je suis la création du « Je suis », comme toute personne et toute chose. Ce qui est imparfait, c'est la saloperie, la mémoire qui réagit et qui rejoue sous forme de jugement, de ressentiment, de colère, d'irritation et Dieu seul sait quelle autre partie de m_ _ _e peut être transportée par l'âme.
Paix de Soi,
    Ihaleakala Hew Len, Ph. D., titulaire émérite
    The Foundation of I – Freedom of the Cosmos
    www.hooponopono.org

Alors que j'étais encore en train d'apprendre les rudiments d'Ho'oponopono, il m'arrivait à l'occasion de l'enseigner aux personnes que je sentais prêtes à écouter de tels propos. Évidemment, leur état d'ouverture n'était en fait que le reflet de ma propre ouverture et non de la leur. Plus je devenais lucide, plus les gens autour de moi le devenaient. Toutefois, il s'agit là d'un fait difficile à accepter. Il est tellement plus facile de vouloir changer l'extérieur plutôt que d'amorcer un changement intérieur.

À Maui, un agent immobilier nous a fait faire une tournée des maisons à Nerissa et à moi. En chemin, nous avons échangé longuement au sujet de guérison, de spiritualité, du film *Le Secret* et de croissance personnelle. C'était intéressant, mais en cours de route, il s'est produit quelque chose de fort instructif.

L'agent immobilier avait lu mon fameux article au sujet du Dr Hew Len et du processus de guérison Ho'oponopono dont il s'était servi pour guérir une aile entière de malades mentaux criminels.

Comme bien d'autres, cet agent immobilier a trouvé cet article inspirant.

Comme bien d'autres, il ne l'a cependant pas très bien saisi.

En faisant le tour de la merveilleuse île de Maui, j'écoutais l'agent immobilier se plaindre à propos d'une maison qu'il n'arrivait pas à vendre. Le vendeur et l'acheteur étaient en litige, ce qui générait beaucoup de colère, de ressentiment et je ne sais quoi d'autre encore. La vente avait été interrompue à cause de leurs querelles et sa clôture ne semblait pas imminente. L'agent immobilier était visiblement frustré par leurs agissements.

Je l'ai écouté pendant un moment, puis je me suis senti inspiré à prendre la parole.

« Aimeriez-vous savoir comment le Dr Hew Len agirait dans une telle situation ? lui ai-je demandé.

— Oui, s'est-il exclamé, visiblement curieux. Je suis définitivement intéressé. Expliquez-moi comment.

— Je sens que cela va être bon, a lancé Nerissa.

— Évidemment, je ne suis pas le Dr Hew Len, ai-je commencé par dire, mais j'écris un livre avec lui en ce moment et il m'enseigne en même temps. Alors, je crois savoir comment il agirait.

— Dites-moi !

— Le Dr Hew Len a l'habitude d'aller voir en lui pour découvrir ce qui est commun avec ce qui se manifeste à l'extérieur de lui, ai-je commencé à dire. Quand il travaillait à l'asile, il a étudié le dossier des patients. Qu'il ait été dégoûté ou non par les actes commis par les patients, cela importait peu, car il ne faisait pas affaire avec eux ; il ne se préoccupait que des émotions qui l'habitaient à ce moment-là. Au fur et à mesure qu'il liquidait ces émotions, la libération et la guérison se sont également manifestées chez les patients.

— J'aime ça, répondit l'agent immobilier.

— La plupart des gens n'ont aucune idée du sens du mot *responsabilité*, poursuivis-je. Ils ne font que blâmer. À mesure qu'ils vieillissent, ils deviennent de plus en plus conscients et ils commencent à réaliser qu'ils sont responsables de ce qu'ils disent et de ce qu'ils font. En devenant encore plus conscients, nous commençons à voir, en plus, que nous sommes aussi responsables de tout ce que les autres font ou disent, et cela, tout simplement parce qu'ils font partie de notre expérience. Si nous créons notre propre réalité, cela veut également dire que nous créons tout ce que nous voyons, y compris ce que nous n'aimons pas. »

L'agent immobilier souriait en hochant la tête. J'ai continué sur ma lancée.

« Ce que le vendeur et l'acheteur font actuellement importe peu, dis-je. Ce qui importe, c'est ce que vous faites. Comme solution, le Dr Hew Len, lui, répète simplement les phrases suivantes : "Je t'aime, je suis désolé, s'il te plaît, pardonne-moi et merci." Il ne s'adresse pas alors à la personne, mais il s'exprime ainsi au Divin. L'idée derrière tout cela est de libérer l'énergie commune.

— Je vais le faire, m'a répondu l'agent immobilier.

— Ne le faites pas pour obtenir quelque chose, ai-je dit pour continuer. Faites-le parce qu'il s'agit d'une manière de libérer les énergies communes et qu'ainsi plus personne d'autre n'aura à revivre cette situation. Vous amorcez un nettoyage et vous ne pourrez plus vous arrêter de le faire. » J'ai fait une pause.

L'agent immobilier semblait comprendre le sens de tout cela. Ses yeux étaient grands ouverts et il affichait un large sourire à son visage.

J'ai continué en disant : « Si cela se manifeste à votre conscience, alors il est libre à vous de le nettoyer et de le guérir. Puisque vous avez amené la situation du vendeur et de l'acheteur à mon attention, il m'appartient dès lors de la nettoyer également. Elle fait aussi partie de mon expérience. Si je suis créateur de mon expérience, alors cela incombe aussi à ma responsabilité. »

Puis, j'ai laissé ces idées mûrir alors que nous poursuivions notre tournée des maisons de Maui.

Quelque temps plus tard, j'ai reçu un courriel de cet agent d'immeuble. Il m'a dit qu'il continuait à appliquer la méthode du Dr Hew Len. Voilà comment cela fonctionne.

Tout est amour.

Tout est continuité.

Et nous sommes tous totalement responsables.

Un jour, je donnais un séminaire avec Mindy Hurt qui dirige la *Unity Church* à Wimberley, au Texas. Ce séminaire était intitulé *Le secret de l'argent.* À un moment donné, j'y ai enseigné la méthode de nettoyage Ho'oponopono. Par la suite, un monsieur est venu me voir et m'a dit : « J'ai de la difficulté à dire : je suis désolé et pardonne-moi.

— Pourquoi ? » ai-je alors demandé.

Jamais personne ne m'avait dit cela auparavant. J'étais donc curieux d'en connaître la raison.

« Je n'arrive pas à imaginer que Dieu ou la Divinité ait besoin de ma demande de pardon, a-t-il alors répondu. Je ne crois pas que le Divin ait à me pardonner quoi que ce soit. »

J'ai réfléchi à sa question et plus tard j'ai trouvé ce que j'aurais pu lui répondre alors :

« Vous n'adressez pas ces phrases dans le but d'être pardonné par la Divinité ; vous le dites pour vous nettoyer. Vous les adressez à la Divinité, mais en fait elles sont pour vous nettoyer. »

En d'autres mots, nous baignons déjà dans l'amour du Divin. Cet amour est incessant. La manière la plus proche pour décrire l'état zéro, là où il y a zéro limite, c'est de parler d'un état d'amour pur. Voilà ce qu'est cet état. Mais nous n'y sommes pas toujours. Ainsi, en disant *Je t'aime, je suis désolé, s'il te plaît, pardonne-moi, merci*, nous nettoyons nos programmes intérieurs qui nous empêchent d'atteindre cet état pur : l'amour.

Évidemment, le Divin n'a pas besoin que nous utilisions Ho'oponopono, mais nous en avons besoin.

Récemment, j'ai reçu un courriel d'une amie très chère qui m'a déchiré le cœur. Elle m'y demandait : « Que dirais-tu à quelqu'un qui a lu ton livre, qui a regardé le film *Le Secret*, qui lit ton blogue quotidiennement, qui fait de son mieux, mais qui est encore endetté, malheureux et déprimé. Je continue d'attirer les ennuis. Cela n'arrête jamais. Que dirais-tu alors à cette personne ? »

Je ressentais sa douleur. Après tout, je savais ce que c'était d'être sans abri. Durant une décennie, j'ai été criblé de dettes. Mon sucès soudain s'est probablement construit pendant vingt ans. Je savais très bien ce qu'on éprouve quand on se sent au beau milieu de sables mouvants.

Que dire alors à une personne qui vit cette situation ?

Dans le passé, j'aurais tenté de trouver des solutions. J'aurais probablement suggéré de lire *La Magie de croire*[1], de Claude Bristol. De visionner le film *Le Secret* à répétition. De créer le scénario de la vie qu'elle souhaitait vivre. De prendre un temps quotidien pour méditer. D'observer ses propres manières de saboter les résultats.

Cependant, cette approche de front s'est modifiée. J'ai appris – et le Dr Hew Len pourra en témoigner – que ces approches fonctionnent rarement.

Alors, que reste-t-il ?

Comment vous, ou moi, ou quiconque, peut-il aider une personne engluée dans la souffrance ?

Selon Ho'oponopono, la seule manière d'y parvenir, c'est en se nettoyant. Les personnes qui me précèdent – incluant celles qui m'ont écrit – partagent un programme avec moi. Elles attrapent ce programme comme s'il s'agissait d'un virus de l'esprit. Elles ne sont pas à blâmer. Elles se sentent prises au piège et coincées. Je peux leur tendre une corde, mais plus souvent qu'autrement, elles ne la saisiront pas ou elles s'en serviront pour se pendre.

Alors, que faire d'autre ?

Tout ce que je peux alors faire, c'est de me nettoyer. Au fur et à mesure que je me nettoie, les personnes concernées se nettoient également. En nettoyant ces programmes communs, nous leur permettons de s'élever loin de toute l'humanité. Voilà tout ce que je fais ces jours-ci. Lors de la première conversation téléphonique que nous avons eue il y a si longtemps, c'est aussi la première chose que le Dr Hew Len m'a dite. « Tout ce que je fais est de nettoyer, nettoyer, nettoyer. »

---

1. Claude BRISTOL, *La Magie de croire*, Beloeil, Monde Différent, 1979, 254 p.

Tout ce que je fais est de répéter : Je t'aime, je suis désolé, s'il te plaît, pardonne-moi et merci. Le reste appartient à la Divinité. Je ne crois pas que cette attitude est sans cœur, mais elle est plutôt la chose la plus édifiante à faire. Et c'est encore ce que je fais actuellement en écrivant ces mots.

En terminant, examinons la conclusion spirituelle à tout cela :

Dès lors que vous êtes au parfum de la situation de cette personne qui m'a écrit, voilà qu'elle fait maintenant partie de votre expérience et qu'il vous appartient aussi de la guérir pour de bon. Après tout, si vous créez votre propre réalité, alors vous avez créé cette situation comme une partie intégrante de votre réalité. Je vous suggère donc de dire les quatre phrases pour la guérir.

En vous guérissant, la personne qui m'a écrit et toutes les personnes qui partagent ce programme se sentiront mieux.

Un choix est une limitation

Pour guérir toutes les pensées et les mémoires qui nous retiennent captifs du passé, nous pouvons nous adresser à la Divinité puisqu'elle connaît notre mission personnelle.

Morrnah SIMEONA

En octobre 2006, le Dr Hew Len est venu au Texas pour passer quelques jours avec moi. Dès que nous nous sommes retrouvés à l'aéroport, nous avons immédiatement commencé à parler de Dieu, des programmes, de nettoyage et plus encore. Il m'a demandé quelles étaient mes occupations des derniers jours. Je lui ai fait part de ma grande excitation.

« Dans un film, il y a un drôle de numéro qui affirme ceci : "Quelques personnes sont éveillées et elles vivent leur vie dans un état permanent d'émerveillement." Je me rapproche de cet état, dis-je. Je vis la magie et des miracles et je me sens grisé par la vie.

— Raconte-moi », m'a-t-il pressé de faire.

Je lui ai parlé de ma nouvelle voiture que j'adore. C'est une voiture de sport de luxe, Esperante GTLM 2005 de Panoz. Elle est fabriquée par la famille Panoz. Chacune est assemblée à la main et porte la signature de ceux qui l'ont assemblée. Chacune porte un nom.

La mienne s'appelle Francine. Je savais que le Dr Hew Len apprécierait l'amour qui avait été offert à cette voiture et le fait qu'on la considérait comme une personne. Pour lui, tout est en vie.

Je lui ai aussi parlé de l'invitation que j'avais reçue pour participer à l'émission de télévision en direct de Larry King grâce à ma présence dans le film *Le Secret*. Il m'a demandé à quoi ressemblait Larry King. Je lui ai dit : King est franc, amical et futé. Je l'aime bien.

J'ai poursuivi en racontant au Dr Hew Len le succès que connaissaient mes livres, *Le Facteur d'attraction* et *Life's Missing Instruction Manual*[1]. Après quelques minutes, il put facilement constater que je débordais d'énergie.

« Depuis que tu as suivi la première formation, qu'est-ce que tu crois qui a changé en toi ? »

J'ai réfléchi un moment et j'ai dit : « J'ai arrêté de tout contrôler. Maintenant, je lâche prise. Tout ce que je fais, c'est nettoyer, effacer et je tente d'atteindre l'état zéro. »

Il a tapoté mon épaule et, à ce moment précis, il a souri d'une manière bien particulière comme pour m'exprimer qu'il ressentait que tout cela était bien pour moi.

Nous nous sommes alors dirigés vers ma voiture, mais après seulement quelques minutes, il s'est arrêté et m'a fixé.

« Tu as gravi une grande marche, a-t-il lancé, presque admiratif. Tu avances par bond.

— Eh bien, je suis ravi de vous revoir », ai-je dit.

Nous sommes allés dîner et je lui ai fait part de ma déception au sujet du livre *There's a Customer Born*

---

1. Joe VITALE, *Life's Missing Instruction Manual : The Guidebook You Should Have Been Given at Birth*, Hoboken, NJ, John Wiley & Sons, 2006.

Every Minute[1], puisque les ventes de ce dernier n'allaient pas très bien.

« Joseph, il te faut l'aimer. »

Je voulais que mon livre se vende, alors je ne comprenais pas ce que l'amour venait faire dans l'histoire.

« Joseph, si tu avais trois enfants et que l'un d'eux éprouvait des difficultés à l'école, lui dirais-tu que cela te désole ?

— Non », ai-je répondu. Soudain, j'ai été frappé par une révélation. Mon livre est l'un de mes enfants et j'étais en train de dire qu'il n'était pas aussi bon que mes autres enfants. J'ai ressenti cette révélation si profondément que je me suis mis à pleurer au beau milieu du restaurant.

« Tu as compris, Joseph, a dit le Dr Hew Len. Tu dois aimer tous tes enfants. »

Je me sentais très mal d'avoir ainsi abandonné mon enfant parce qu'il n'était pas assez performant à l'école de la vie. Je me sentais profondément désolé. J'ai commencé à dire intérieurement : Je t'aime, je suis désolé, s'il te plaît, pardonne-moi et merci, au Divin, en ressentant son utilité dans mon cœur. Ce soir-là, lorsque je suis rentré à la maison et que j'ai vu mon livre, je l'ai pris dans mes mains et je l'ai serré sur mon cœur, l'enlaçant, l'aimant et lui demandant pardon pour ne pas l'avoir apprécié tel qu'il était.

Plus tard, alors que je conduisais le Dr Hew Len chez moi dans la région de Wimberley, au Texas, il m'a dit qu'il y avait un lutin en moi.

« Un quoi ?

— Un lutin », a-t-il répété.

Je savais qu'il voyait souvent des choses que je ne pouvais voir de mon côté. Il refuserait d'appeler cela

---

1. Joe VITALE, *There's a Customer Born Every Minute : P.T. Barnum's Amazing 10 Rings of Power for creating Fame, Fortune, and a Business Empire*, Hoboken, NJ, John Wiley & Sons, 2006.

des habiletés psychiques et il parlerait plutôt du simple dévoilement offert dans chaque moment présent.

« Ce lutin a de grands yeux et de grandes oreilles. Il souhaite demeurer en toi et il ne veut pas faire des apparitions publiques. »

« C'est la partie de toi qui souhaite rester à la maison, travailler à l'ordinateur et ne pas interagir avec les gens. »

« Il y a cependant une autre partie de toi qui aime les feux de la rampe. »

Les deux tiers de moi souhaitaient aller à l'émission de Larry King et à celle d'Oprah pour avoir de l'attention, ai-je avoué, mais une autre part, quant à elle, désire rester à l'intérieur et désire être recluse.

« Ton lutin te gardera sain d'esprit, m'a expliqué le Dr Hew Len. Les gens qui ne cherchent que la célébrité courent tout droit vers la folie. Ceux qui ne veulent rien d'autre qu'être isolés dans une caverne cachent leur lumière. Toi, tu as l'équilibre. »

Ensuite, ce soir-là, j'ai parlé de mon lutin à Nerissa, mon amour. « Quel est ce côté de toi qui aime être sur scène ?, m'a-t-elle demandé.

— Je ne sais pas. »

Elle a réfléchi un moment, puis elle a dit : « Je crois qu'il s'appelle *Sprite*.

— Sprite ?

— Oui, Sprite. Cela te va à ravir. »

J'ai ri et j'ai acquiescé. Le lendemain, quand j'ai dit au Dr Hew Len que Nerissa avait nommé ma partie extravertie « Sprite », il a éclaté de rire et cela lui a beaucoup plu.

« Sprite, c'est comme la lumière », s'est-il mis à chanter.

Le lendemain de l'arrivée du Dr Hew Len dans la région, j'ai pris ma voiture pour aller le rencontrer. Je l'ai trouvé assis à une table avec deux femmes retraitées d'origine mexicaine qui semblaient être suspendues à ses lèvres. Il m'a fait signe de les rejoindre. Je me suis pris un café et je me suis dirigé vers une chaise à côté de lui. Il m'a arrêté et m'a demandé de m'asseoir une chaise plus loin, celle plus éloignée de lui mais juste en face des deux dames.

« Raconte à ces dames ce que tu fais », m'a-t-il dit.

Je leur ai parlé de mes livres, de ma présence dans le film *Le Secret* et de la manière dont j'essayais d'aider les gens à trouver la joie.

« Dès lors, comment tu résous les problèmes ? » m'a-t-il demandé.

Dans le passé, j'avais tendance à essayer de résoudre les problèmes, qu'ils m'appartiennent ou qu'ils soient à quelqu'un d'autre. Aujourd'hui, je les accueille tels qu'ils sont, mais je nettoie les mémoires qui suscitent ces problèmes. Ainsi, ils se résolvent et je me sens bien parce qu'ils se résolvent.

« Joseph, peux-tu leur donner un exemple ?

— Ma sœur me frustre, ai-je alors avoué. Elle vit de l'assistance sociale, elle s'est fait saccager sa maison, elle s'est fait voler son identité et plus encore. Elle est malheureuse et cela me frustre. J'ai essayé de l'aider en lui envoyant de l'argent, des livres et même un lecteur DVD pour qu'elle puisse voir des films. Elle ne fait aucun effort pour s'en sortir. Alors, maintenant, je n'essaie plus de la changer.

— Que faites-vous pour nettoyer ?

— Tout ce que je fais, c'est de répéter : Je t'aime, je suis désolé, s'il te plaît, pardonne-moi et merci, encore et encore. »

Le Dr Hew Len a alors expliqué que dans la simple phrase « Je t'aime », il y a trois éléments qui peuvent transformer tout ce qui existe. Il a continué en disant que les trois éléments étaient la gratitude, la vénération et la transmutation. À mon tour, j'ai poursuivi en expliquant comment je pensais que les choses se produisaient.

Les phrases que je dis sont comme des mots magiques qui ouvrent la combinaison du loquet de l'Univers. Quand je récite ces phrases qui sont énoncées comme un poème, je m'ouvre au Divin pour nettoyer et effacer tous les programmes qui m'empêchent d'être dans le moment présent.

Le Dr Hew Len a bien aimé ma manière de décrire la méthode de libération Ho'oponopono.

« Il est exact de dire que quelqu'un a attrapé un virus, a-t-il dit. C'est un programme qui circule à travers le monde et nous l'attrapons. Quand vous observez que quelqu'un l'a attrapé, alors vous l'avez également attrapé. L'idée derrière tout cela est de prendre la responsabilité à cent pour cent. Quand vous vous nettoyez, vous récurez aussi le programme pour tout le monde. » Il a pris une pause et il a ajouté : « Mais il y a de nombreux programmes. Ils sont comme de la mauvaise herbe sur l'état zéro. Alors, pour atteindre l'endroit où il y a zéro limite, nous avons bien plus de nettoyage à faire que nous ne pouvons l'imaginer. »

J'étais surpris de constater que les femmes semblaient comprendre. En effet, nous discutions de concepts hallucinants et déjà elles semblaient y adhérer. Je ne pouvais m'empêcher de me demander si elles ne captaient pas les vibrations du Dr Hew Len un peu comme un diapason arrive à capter n'importe quelle tonalité dans les alentours pour en transmettre la note.

Le Dr Hew Len et moi avons marché. Nous avons fait une promenade de moins d'un kilomètre sur un sentier de gravier, respirant l'air frais du matin. Sur le sentier, un cerf s'est approché de nous. Plus loin, nous sommes arrivés au beau milieu d'un attroupement de chiens qui jappaient à tue-tête, mais nous avons continué à marcher et à parler. Tout à coup, le Dr Hew Len a agité les mains vers eux, comme s'il les bénissait et nous avons dit : « Nous vous aimons. » Les chiens ont cessé de japper.

« Ce que chacun d'entre nous désire, c'est d'être aimé, a-t-il dit. Toi, moi et même les chiens. »

Un des chiens qui était en retrait a laissé échapper un léger jappement. Je ne peux m'empêcher de penser qu'il disait : « Bien, d'accord » ou peut-être : « Merci. » Ou peut-être même : « Je vous aime aussi. »

Nos conversations étaient toujours stimulantes. À un moment donné, le Dr Hew Len a failli me faire exploser le cerveau en m'expliquant que le seul choix que nous avions dans la vie, c'est celui de nettoyer ou non.

« Tu en arrives soit à la mémoire ou à l'inspiration, a-t-il expliqué. C'est ainsi. »

J'ai répondu : « J'ai toujours dit aux gens qu'ils avaient le choix d'arriver ou non à l'inspiration. C'est le libre arbitre. Le Divin envoie un message et nous pouvons intervenir ou non. Si nous intervenons, tout va bien. Si nous ne le faisons pas, les problèmes peuvent survenir.

— Ton choix, c'est de nettoyer ou pas, a-t-il dit. Si tu nettoies, alors quand l'inspiration arrive, tu n'as qu'à agir. Tu n'y penses pas. Si tu y penses, tu commences alors à comparer l'inspiration à quelque chose et ce à quoi tu la compares n'est qu'une mémoire. Nettoie la mémoire et tu n'as plus de choix. Il ne reste que l'inspiration grâce à laquelle tu agiras sans penser. C'est tout. »

Ouf ! Cette révélation m'a vraiment choqué. Je me sentais mal d'avoir écrit et d'avoir donné des conférences sur le libre arbitre en sachant maintenant que le libre arbitre vient simplement nous dire que nous sommes enlisés dans une mémoire. Quand nous sommes à l'état zéro, là où il y a zéro limite, nous ne faisons que ce qui nous appartient de faire. Voilà.

Le Dr Hew Len m'a expliqué ceci : « C'est comme si nous faisions tous partie d'une grande symphonie. Chacun de nous a un instrument à jouer. J'en ai un aussi. Vous, les lecteurs, avez également le vôtre. Chacun est unique. Afin de pouvoir jouer ce concert et afin que tous l'apprécient, les musiciens doivent jouer leur partition et non celle d'un autre. Nous sommes dans de beaux draps quand nous ne prenons pas notre instrument ou quand nous croyons que celui du voisin est mieux que le nôtre. Voilà ce qu'est une mémoire. »

Je commençais à voir qu'un concert possédait aussi des machinistes, des promoteurs et une conciergerie. Tout le monde possède un rôle.

Puis je me suis mis à réfléchir à propos des gens qui ignorent complètement leur propre méthode de réussite. Je pense à James Caan, le célèbre acteur du film *Le Parrain* et de la série télévisée *Las Vegas*. Je l'ai rencontré à plusieurs reprises. Sa célébrité est autant un mystère pour lui qu'elle l'est pour vous et pour moi. C'est un brillant acteur, légendaire même. Mais tout ce qu'il fait, c'est d'être lui-même. Il joue son rôle dans le scénario de l'Univers.

La même chose pourrait être dite à mon sujet. Certaines personnes qui m'ont déjà rencontré me considèrent comme un gourou. Parce qu'ils m'ont vu dans le film *Le Secret* ou qu'ils ont lu l'un de mes livres, particulièrement *Le Facteur d'attraction*, ils croient que je suis branché directement à Dieu. La vérité, c'est que je suis seulement en train de jouer de mon instrument dans le concert de la vie.

Quand vous jouez votre rôle et que je joue le mien, le monde tourne. C'est lorsque vous essayez d'être moi et que j'essaie d'être vous que les problèmes commencent.

« Qui détermine tous les rôles ? ai-je demandé au Dr Hew Len.

— La Divinité, a-t-il répondu. Zéro.

— Quand cela a-t-il été déterminé ?

— Bien avant toi et moi, et j'ai toujours cru que c'était même avant l'amibe.

— Est-ce que cela veut dire qu'il n'y a pas du tout de libre arbitre ? Que nous sommes tous cantonnés dans un rôle ?

— Tu as un libre arbitre total, a-t-il dit. Tu crées à chaque respiration, mais pour être et pour vivre l'état zéro, tu dois te séparer de toutes les mémoires. »

Je dois admettre que je ne comprenais pas parfaitement ces informations. Mais j'avais saisi que la seule chose qui m'appartenait, c'était mon travail de jouer de mon instrument. Si je le jouais, alors j'étais une pièce qui s'emboîtait dans le casse-tête de la vie. Mais si j'essayais de mon propre chef de m'insérer dans un autre endroit sur le tableau, cela ne fonctionnait pas et l'image globale n'avait plus de sens.

« Ton esprit conscient tentera de comprendre tout cela, est venu préciser le Dr Hew Len. Toutefois, ton esprit conscient ne capte que quinze morceaux d'informations alors qu'il en circule quinze millions à chaque instant. Ton esprit conscient ne sait pas réellement ce qui se passe. »

Ce n'était vraiment pas très réconfortant.

Du moins, pas pour mon esprit conscient.

Comme je l'ai mentionné précédemment, j'ai donné un séminaire appelé *Le secret de l'argent*. J'ai dit à tous les participants qu'ils auront de l'argent s'ils se sont purifiés. S'ils sont endettés, c'est qu'ils ne sont pas purifiés. J'en ai parlé au Dr Hew Len et il est d'accord.

« Les mémoires peuvent s'éloigner de l'argent, a-t-il affirmé. Si tu es libre quant à l'argent, alors tu en possèdes. L'Univers t'en donne si tu veux l'accepter. Ce sont les mémoires anciennes qui t'empêchent d'en avoir.

— Comment peut-on se purifier ?
— En répétant : Je t'aime.
— Est-ce qu'on s'adresse à l'argent ?
— Tu peux aimer l'argent, mais il est préférable de s'adresser à la Divinité. Quand tu es à l'état zéro, tu as zéro limite et même l'argent peut ainsi te parvenir. Cependant, quand tu es dans une mémoire, tu t'empêches d'en avoir. Il y a plusieurs mémoires au sujet de l'argent. En les nettoyant, tu les nettoies pour tout le monde. »

Nous sommes allés dans une brûlerie et nous y avons commandé du café. L'endroit était tranquille au moment où nous nous sommes installés mais, peu à peu, il s'est rempli et, une fois bondé, il est devenu bruyant. L'énergie de l'endroit augmentait.

« As-tu remarqué ça ? m'a-t-il demandé.
— Il y a un bourdonnement dans la place, ai-je dit. Les gens ont l'air joyeux.
— Nous sommes arrivés ici et nous y avons amené nos êtres nettoyés, alors la place l'a ressenti », a-t-il dit.

Il m'a dit être allé dans des restaurants en Europe. Les affaires marchaient au ralenti, mais après sa visite, elles augmentaient. Il a essayé la même chose dans d'autres endroits pour voir si cette situation se produirait de nouveau. Cela a fonctionné. Alors, un jour, il est allé voir un propriétaire de restaurant et il lui a dit : « Si nous venons ici et que votre chiffre d'affaires augmente, allez-vous nous offrir un repas gratuit ? » Le propriétaire a accepté cette offre. S'il n'en tenait qu'à de telles ententes, le Dr Hew Len se verrait offrir de nombreux repas gratuits simplement parce qu'il est passé par là.

J'ai aussi remarqué qu'il donne de l'argent librement. Nous sommes allés dans une boutique. Il a acheté quelques objets en verre coloré pour des amis. Il a flanqué vingt dollars sur le comptoir et il a dit : « Et cela est pour vous ! » L'employé semblait surpris, naturellement quoi ! Il a ajouté : « Ce n'est que de l'argent ! »

Puis, au restaurant, il a donné un gros pourboire à la serveuse. Elle en est restée bouche bée. « Je ne peux accepter cela, a-t-elle dit. – Si vous le pouvez », ai-je répliqué.

Un peu plus tard, une idée m'est venue au sujet d'un produit qui, je le savais, me rapporterait beaucoup d'argent. Le Dr Hew Len m'a fait remarquer : « L'Univers te récompense pour ta générosité. Tu donnes, alors il te rend. Il te donne cette inspiration. En ne donnant rien, tu ne reçois rien. » Ah, voilà le véritable secret au sujet de l'argent.

Nous, les Américains, avons oublié que l'argent est bien. « En Dieu, nous croyons, a dit le Dr Hew Len. Nous l'imprimons sur nos billets, mais nous n'y croyons pas. »

À un moment donné, le Dr Hew Len m'a interrogé au sujet de la compagnie de nutrition que j'ai fondée avec un docteur et des nutritionnistes. Nous l'avons mise sur pied pour mettre sur le marché une formule naturelle servant à diminuer le cholestérol appelée Cardio-Secret (voir www.CardioSecret.com). Quelque temps auparavant, le Dr Hew Len s'était aussi intéressé à ce produit qui porte le même nom que la compagnie. Il était curieux de savoir où nous en étions maintenant avec cela.

Nous sommes pour le moment en attente. J'ai embauché un avocat du service de l'alimentation et des médicaments[1] pour réviser notre site Internet et notre emballage et nous attendons ses conclusions. Cependant, en travaillant sur ce produit, j'ai reçu une nouvelle idée pour un autre produit encore plus performant, que j'ai nommé Fit-A-Rita.

J'ai continué en expliquant que Fit-A-Rita est un mélange naturel de margarita (voir www.fitarita.com). Cette idée m'est venue alors que je prenais un verre avec des amis. À l'époque, je m'entraînais pour un concours de culturisme, alors je prenais rarement une margarita, sauf évidemment lorsqu'une occasion spéciale se présentait. Tout en sirotant cette margarita, j'ai dit : « Ce dont nous aurions besoin, c'est une margarita pour les culturistes. » Aussitôt que j'ai prononcé ces mots, j'ai su qu'il s'agissait là d'une bonne idée.

« C'est bon pour toi, Joseph, a dit le Dr Hew Len. Tu n'es pas attaché au premier produit et tu ne veux pas que les choses se passent à ta manière, alors le Divin te donne une nouvelle idée lucrative. Trop de gens s'enferment dans une idée et tentent de la faire correspondre à leurs attentes, et tout ce qu'ils font, c'est se couper du flot d'abondance qu'ils désirent recevoir. C'est bon pour toi, Joseph, très bon pour toi. »

Il a raison, bien sûr. Tant et aussi longtemps que j'accueille les idées du Divin, elles affluent vers moi. En même temps que s'élaborait le produit *Fit-A-Rita,* j'ai aussi reçu une idée pour des napperons purifiants. Ce sont des napperons sur lesquels nous plaçons la nourriture avant le repas afin de la purifier. Et je ne me suis pas arrêté là. Le Dr Hew Len a également reçu une idée.

« Je n'ai jamais vu un site Internet qui nettoie les gens pendant qu'ils sont assis et qu'ils le regardent,

---
1. Office de contrôle des produits pharmaceutiques et alimentaires. *(N.d.T.)*

m'a-t-il dit. Créons le site Internet de notre livre de cette manière. Quand les gens le visiteront, ils seront nettoyés grâce à ce que nous aurons infusé dans ce site. »

C'est donc ce que nous avons fait (voir le site www.zerolimits.info). Il n'y a aucune limite à la quantité d'idées et d'argent que nous pouvons recevoir une fois que nous avons laissé aller nos besoins et que nous leur permettons seulement de venir à nous. La clé, comme toujours, est de simplement continuer à nettoyer, nettoyer, nettoyer.

« Qu'est-ce que les thérapeutes devraient faire lorsqu'ils rencontrent leurs clients ? » ai-je demandé, car je voulais approfondir des méthodes spécifiques qui aideraient les gens à guérir.

« Les aimer, tout simplement, a répondu le Dr Hew Len.

— Mais que faire si des personnes viennent vous voir parce qu'elles ont subi un quelconque traumatisme qu'elles n'arrivent pas à surmonter, ai-je demandé, dans l'intention de le mettre au pied du mur pour qu'il soit forcé de parler d'une méthode qu'il pourrait utiliser.

« Nous avons tous besoin d'être aimés, a-t-il dit. N'est-ce pas ce que tu veux ? Ce que tu feras ou diras n'a aucune importance tant et aussi longtemps que tu aimes cette personne.

— Donc, je peux être jungien, freudien ou reichien ou n'importe quoi d'autre ? »

Il a insisté pour dire : « Cela n'a aucune importance. Ce qui importe, c'est que tu aimes ces personnes parce qu'elles sont une partie de toi et le fait de les aimer aidera à effacer et à nettoyer le programme qui est activé dans leur vie. »

Ce n'était pas la réponse que je souhaitais, mais je pouvais comprendre son point de vue.

« Mais si quelqu'un est déclaré fou ?

— Une femme qui était considérée comme schizophrène est venue me consulter, a-t-il commencé à dire. Je lui ai demandé de me raconter son histoire. Ici, il te faut comprendre que peu importe ce qu'elle ou quelqu'un d'autre me dit, ce n'est pas le véritable enjeu. Leur histoire est une interprétation consciente des événements. Ce qui s'est réellement passé est en dehors de la conscience. Toutefois, entendre l'histoire constitue un point de départ.

— Qu'a-t-elle dit ?

— Elle m'a raconté son histoire et je l'ai écoutée. Alors, je ne faisais que répéter dans mon esprit : Je t'aime, en m'adressant au Divin, sachant que ce qui avait besoin d'être nettoyé le serait. À un moment donné, elle m'a dit son nom complet, lequel était un de ces noms composés.

— Comme Vitale-Oden par exemple ?

— Exactement. Je savais qu'il s'agissait d'une part du problème. Quand quelqu'un possède un nom scindé, cela crée une personnalité scindée. Elle avait besoin de reprendre son nom de naissance.

— Lui avez-vous demandé de changer légalement de nom ?

— Elle n'avait pas à aller jusque-là, a-t-il expliqué. En se disant intérieurement que son nom était un seul mot, elle a commencé à se détendre et à se sentir entière de nouveau.

— Alors, était-ce le changement de nom ou vos "Je t'aime" qui ont fait une différence pour elle ?

— Qui sait ?

— Mais je veux savoir, ai-je dit. Je mets sur pied un programme d'entraînement miracle[1] sur le site www.miraclescoaching.com. Je veux être certain que

---

1. Miracles Coaching Program (traduction libre). *(N.d.T.)*

mes entraîneurs vont dire et faire ce qu'il faut pour aider réellement les gens. »

Il a poursuivi en expliquant que les thérapeutes croient qu'ils sont là pour aider les gens ou pour les sauver. Mais en réalité, leur travail consiste à se guérir eux-mêmes des programmes qu'ils observent chez leurs patients. Lorsque les mémoires sont annulées chez le thérapeute, elles le sont également chez le patient.

« Ce que tes entraîneurs font ou disent n'a aucune importance tant qu'ils continuent à aimer la personne qu'ils accompagnent, a-t-il encore expliqué. Souviens-toi, la personne que tu vois dans le miroir, c'est toi. Ce qu'elle vit fait partie de ton expérience. Nettoyez le programme commun et vous serez tous les deux bien.

— Mais comment ?

— Je t'aime », a-t-il dit.

Je crois y percevoir un thème ici !

Depuis que je suis assez grand pour atteindre le rayon des livres pour enfants et celui des bandes dessinées par la suite, j'essaie de m'imaginer comment fonctionne le monde. « Superman » et « The Flash » étaient assez faciles à comprendre. Aujourd'hui, je dois composer avec la science, la religion, la psychologie en même temps qu'avec mes propres besoins.

Au moment où je crois pouvoir saisir une chose, un autre livre me parvient pour bousculer ma vision du monde. Cette fois, j'étais en train de lire *Tout est conscience*[1] de Balsekar, quand le mal de tête s'est pointé.

S'il me fallait résumer le message dans les mots d'un homme confus à la suite de cette lecture, je dirais que rien de ce que nous faisons ne provient de notre libre

---

1. BALSEKAR, *Tout est conscience*, collection Advaita, Paris, Accarias-L'originel, 2007.

arbitre. Tout est insufflé à l'intérieur de nous. Nous croyons être des acteurs conscients. Nous nous trompons. C'est notre ego qui parle. D'une manière respectueuse, nous sommes des marionnettes animées par le Divin, cette énergie en nous qui tire les ficelles.

Alors imaginez ceci :

Je suis celui qui a écrit *Le Facteur d'attraction,* un livre qui explique un processus en cinq étapes pour avoir, faire ou être tout ce que vous désirez. D'autres et moi avons utilisé cette méthode pour obtenir tout ce que nous voulions, de l'abondance aux voitures, d'une épouse à la santé, à un travail, et nommez-en encore. Tout cela consiste seulement à affirmer des intentions de manière claire pour ensuite saisir ce qui survient sur notre route ou qui en découle afin de le faire apparaître. Bref, vous êtes le marionnettiste et le monde est votre marionnette.

Alors, comment puis-je placer côte à côte ces deux philosophies apparemment contradictoires dans ma tête sans devenir dingue ?

Je crois que cela fonctionne ainsi :

Premièrement, nous vivons dans un monde mené par les croyances. Peu importe ce en quoi nous croyons, cette croyance va fonctionner. Elle va nous permettre de passer nos journées, et ce, à une vitesse variable.

Elle encadrera nos expériences en des perceptions significatives pour nous. Alors, quand quelque chose nous arrive qui ne semble pas correspondre à notre vision du monde ou à notre système de croyances, nous trouvons une manière de le rationaliser et de le forcer à s'y intégrer. Ou alors nous prenons du Valium.

Deuxièmement, je commence à me demander si les deux théories sont justes : nous sommes la marionnette et le marionnettiste. Mais tout cela fonctionne seulement lorsque nous sortons de notre voie. C'est notre esprit qui nous conduit à trop boire, à trop manger, à batifoler, à voler, à mentir et même à gaspiller notre temps à nous inquiéter sur la manière dont fonctionne le monde. Notre esprit se dirige sur la voie du cours naturel des choses. En réalité, votre esprit (peu importe ce qu'il est), est une interférence à l'expérimentation de la félicité du moment.

Nos esprits savent qu'ils sont voués à l'échec et ils ne peuvent faire face à cette pensée, alors ils se construisent une dépendance qui les satisfait pour les aider à survivre.

Si cela est exact, toutes les techniques de purification dont je parle dans la troisième étape du livre *Le Facteur d'attraction* existent pour nous aider à enlever l'interférence du plan Divin.

Par exemple, quand nous utilisons une méthode comme la Technique de libération des émotions (TLE)[1] – une approche basée sur des tâtonnements qui servent à évacuer les problèmes de notre vie – nous dissolvons la situation qui nous perturbe.

Mais que se passe-t-il alors ?

Nous agissons de manière positive.

Eh bien, ne sommes-nous pas sur le point d'exécuter cette action positive de toute manière ?

N'est-ce pas la raison pour laquelle nous savions qu'il y avait un problème à résoudre ?

En d'autres mots, le coup de pouce pour agir nous a été envoyé par le Divin et l'interférence qui l'a masqué était notre anxiété. Enlevons l'interférence et nous sommes de retour à l'état d'unité avec le Divin, ce qui signifie que nous sommes de nouveau la marionnette et le marionnettiste.

Alors, laissez-moi résumer ce qui est sensé pour moi aujourd'hui :

---
[1]. Emotional Freedom Technic (EFT) (traduction libre). *(N.d.T.)*

Nous venons dans ce monde avec un cadeau à l'intérieur de nous. Nous pouvons le savoir immédiatement ou non. Nous pouvons même l'ignorer en ce moment. Maintenant, notre esprit va juger cela. Si notre esprit le juge comme mauvais, nous cherchons une thérapie, une méthode, un médicament, une dépendance pour soutenir ce jugement, le cacher, le résoudre, le libérer ou l'accepter. Alors, une fois que nous avons enlevé l'interférence nous empêchant d'utiliser notre cadeau, nous pourrons jouir de ce cadeau. Bref, nous serons la marionnette du Divin, mais nous serons le marionnettiste de notre vie. Notre choix est de suivre le cours ou non. C'est ça le libre arbitre. Certains l'appellent le libre refus parce que notre décision réelle est de suivre ou non cette impulsion.

Même le grand *showman* et gestionnaire P. T. Barnum, de qui j'ai parlé dans mon livre *There's a Customer Born Every Minute*[1], savait cela. Il a passé à l'action. Il a fait les choses à grande échelle. Et il agissait toujours en obéissant à certains ordres de nature élevée. Sur sa pierre tombale, on peut lire : « Ce n'est pas ma volonté qui doit être faite, mais la tienne. »

Il a exercé ses idées sans interférence de son esprit et il a permis aux résultats d'être ce qu'ils devraient être, sachant que tout cela faisait partie d'une plus grande perspective de l'Univers. Il a été capable de lâcher prise alors qu'il était dans l'action.

Et c'est la cinquième étape dans mon livre *Le Facteur d'attraction*.

Ce soir, j'ai compris le monde (je pense). Demain, je n'en suis pas certain. Je meurs d'envie d'une bande dessinée.

---

1. Joe Vitale, *There's a Customer Born Every Minute : P.T. Barnum's 10 Rings of Power for Fame, Fortune, and Building an Empire*, Hoboken, NJ, John Wiley & Sons, 2006.

« Tout possède un cadeau, m'a dit le Dr Hew Len dans l'une de nos promenades.

— Qu'en est-il de Tiger Woods ? lui ai-je demandé sachant la réponse, mais c'était là un prétexte pour l'amener à une question plus profonde.

— Il joue son rôle dans le jeu du Divin.

— Mais qu'est-ce qui s'ensuivra lorsqu'il commencera à enseigner aux autres à jouer au golf ?

— Il ne réussira pas, lança le Dr Hew Len. Son rôle est de jouer au golf, pas de l'enseigner. Ça, c'est le rôle de quelqu'un d'autre. Nous avons tous notre rôle.

— Même un portier ?

— Oui ! Il y a des portiers et des éboueurs qui adorent leur travail, a-t-il dit. Tu ne le crois pas, car tu t'imagines jouer leur rôle. Mais eux non plus ne peuvent imaginer jouer ton rôle. »

Je me suis soudainement rappelé une phrase d'un ancien cours de développement personnel : « Si Dieu te dicte quoi faire, tu dois le faire et en être heureux. Alors, ce que tu fais représente ce que Dieu désire que tu accomplisses. »

Le but consiste donc à ne pas nous opposer à notre rôle. Je peux bien avoir envie d'être un compositeur comme Michelle Malone ou un acteur tel James Caan ou un culturiste comme Frank Zane ou encore un écrivain comme Jack London. Je peux même développer de belles aptitudes dans l'écriture de chansons, dans l'interprétation, dans la musculation ou dans l'écriture de nouvelles. Mais mon rôle, c'est d'inspirer. J'écris des livres pour éveiller des gens, pour être plus précis, pour m'éveiller moi-même.

En m'éveillant, je vous éveille.

Cigares, hamburgers et le meurtre du Divin

Le nettoyage aide à diminuer l'hypothèque de notre âme.
Dr Ihaleakala Hew Len

Un jour, le Dr Hew Len désirait quelque chose à se mettre sous la dent. C'était un lundi matin. Nous étions dans une petite ville où tout est souvent fermé le lundi pour permettre aux citoyens de récupérer de leur fin de semaine passée à divertir les touristes. D'après mon souvenir, il n'y avait qu'un endroit ouvert sur la place, un bistro mal famé, servant des hamburgers, appelé *Burger Barn*. Je n'osais même pas faire référence à ce lieu parce que je m'imaginais que le Dr Hew Len ne voudrait sûrement pas avaler de la nourriture malsaine. En plus, avec mon changement de style de vie et l'adoption de nouvelles habitudes alimentaires, je n'osais même plus passer près d'un fast-food. J'en ai tout de même parlé au Dr Hew Len.

« Un hamburger, ça me semble très bien ! a-t-il lancé, visiblement emballé par l'idée.
— Êtes-vous certain ? ai-je demandé.
— Ah oui ! J'adore un bon hamburger. »

Nous nous sommes rendus à cet endroit, puis nous nous sommes garés. Nous sommes entrés et nous nous sommes assis. Au menu, il n'y avait guère beaucoup de choix de plats.

« Je prendrai un hamburger doubles boulettes, doubles fromages dans un pain blanc », commanda le Dr Hew Len. J'étais abasourdi. À mon avis, il s'agissait d'une « crise cardiaque » à avaler. De la viande ? Du fromage ? Avec du pain blanc ? Je n'en croyais pas mes yeux. Pas plus que j'arrivais à croire que j'avais également commandé la même chose. Sans doute que si c'était suffisamment bon pour ce shaman, cela devrait être bon pour moi aussi.

« N'êtes-vous pas préoccupé au sujet du fromage, de la viande et du pain ? lui ai-je demandé.

— Pas du tout, me répondit-il. J'avale un hot dog au chili con carne tous les matins au déjeuner. J'adore cette nourriture.

— Ah oui ?

— Ce n'est pas la nourriture qui est dangereuse, m'a-t-il expliqué. C'est ce que tu penses à son sujet. »

J'avais déjà entendu ce commentaire auparavant, mais je ne l'ai jamais cru. Je pensais que les aliments forgeaient les pensées. Peut-être que j'avais tort.

Il a commencé à expliquer : « Dans mon esprit, avant de manger quoi que ce soit, je dis à la nourriture : "Je t'aime ! Je t'aime ! Si je m'attire quoi que ce soit qui me rende malade en mangeant, ce n'est pas toi le problème. Ce n'est pas moi non plus. C'est un élément déclencheur dont je suis prêt à prendre la responsabilité." Alors, j'y vais et je savoure le repas parce que je sais qu'il est maintenant nettoyé. »

Une fois de plus, j'ai sursauté en entendant cette révélation et cela m'a réveillé. J'avais passé tellement de temps à me documenter au sujet des questions de santé et des avis sur la nourriture que j'en étais paranoïaque au point de ne plus pouvoir apprécier un simple hamburger. J'ai décidé de nettoyer cela. Lorsque la nourriture nous a été servie, nous l'avons dévorée.

« Ce hamburger est le meilleur que j'aie jamais mangé », m'a-t-il déclaré. Il était si impressionné qu'il a demandé à voir le chef pour le remercier. Le chef n'était visiblement pas habitué à recevoir la reconnaissance des gens au sujet de ses hamburgers. Il ne savait quoi répondre.

Moi non plus d'ailleurs.

Lorsque j'ai fait visiter ma maison et mon gymnase au Dr Hew Len, j'ai retenu mon souffle. Je conserve des cigares dans mon gymnase. Cela semble ironique de s'entraîner le matin et de fumer dans la soirée, mais nous y voilà, c'est ma vie. Je me préoccupais donc de ce qu'allait dire le Dr Hew Len à propos du fait que je fume.

Je lui ai montré mes différents types d'équipements, des photos de culturistes célèbres affichés sur les murs et les qualifications que j'avais reçues lors de différentes compétitions auxquelles j'ai participé. J'ai tenté de l'éloigner des cigares qui étaient posés sur un banc. Mais il les a remarqués.

« Qu'est-ce que c'est ? m'a-t-il demandé.
— Des cigares, ai-je dit en soupirant.
— Alors, tu fumes durant l'entraînement ?
— Non, non, je fume durant la soirée, ai-je expliqué. C'est mon temps de méditation. Je m'assois sous la véranda, je fume et je suis reconnaissant envers la vie. »

Il est demeuré silencieux pendant un moment. J'attendais qu'il me débite toutes les statistiques démontrant les effets néfastes du tabagisme. Puis il s'est finalement mis à parler.

« Je pense que cela est magnifique.
— Vous le pensez ? ai-je demandé.
— Je crois que tu devrais fumer un cigare près de ton auto Panoz.

— Que voulez-vous dire ? Prendre une photo de moi un cigare à la main, en face de Francine ?

— Peut-être bien, mais je pensais davantage au fait que tu pourrais fumer lorsque tu la polis ou que tu l'époussettes.

— J'étais persuadé que vous alliez me ridiculiser parce que je fumais, lui ai-je finalement dit. Une personne ayant consulté mon blogue a vu que j'y parlais de cigares et elle s'est empressée de m'écrire pour me dire que je m'intoxiquais et que je me faisais du tort.

— Je crois que cette personne n'avait jamais entendu parler de la coutume des Amérindiens qui se passaient le calumet de la paix, a-t-il dit, ni que le fait de fumer fait partie de nombreux rituels de passage et représente une manière de tisser des liens, de partager et d'être une famille. »

De nouveau, j'étais en train d'apprendre que la clé pour le Dr Hew Len est l'amour de tout ce qui existe. En aimant, cette chose se transforme. Fumer est nocif quand vous croyez que cela l'est, les hamburgers sont mauvais si vous pensez qu'ils sont mauvais. Selon tous les enseignements provenant des traditions ancestrales hawaïennes, tout commence par une pensée et le plus grand guérisseur est l'amour.

Je commençais enfin à le comprendre et à réaliser à quel point il est important d'atteindre l'état où il y a zéro limite. Cependant, ce n'est pas tout le monde qui ressentait la même chose que moi.

Un soir, je participais à une conférence téléphonique et j'y ai raconté à tout le monde pratiquement toutes les expériences que j'ai vécues avec le Dr Hew Len, soit celles que je vous raconte ici. Les gens m'ont écouté attentivement. Ils m'ont interrogé. Ils ont semblé saisir ce que je leur expliquais. Mais, à ma grande surprise, à la fin de l'appel, ils ont repris leur façon habituelle de penser. Alors que tous étaient d'accord pour dire qu'il nous est nécessaire de prendre la responsabilité de nos vies à cent pour cent, ils ont continué à parler à propos des autres. Alors que tous étaient d'accord pour dire que la méthode de nettoyage que m'avait enseignée le Dr Hew Len était puissante, ils ont repris leurs anciennes habitudes.

Une personne a dit : « Je ne veux pas dire "Je suis désolée", parce que je deviendrai tout ce qui vient après *Je suis*. »

J'ai voulu dire : Eh bien, nous pouvons nettoyer cela, sachant que cette phrase n'était qu'une croyance. Mais, j'ai simplement dit : « Le Dr Hew Len affirme de faire tout ce qui fonctionne pour nous. »

D'abord, je dois admettre que j'ai trouvé cela frustrant. Puis j'ai réalisé que je devais aussi nettoyer cette situation. Après tout, si je prends la responsabilité à cent pour cent par rapport à ce que j'expérimente, je suis en train d'expérimenter. Et si le seul outil de nettoyage est « Je t'aime », alors j'ai besoin de nettoyer ce que je vois, comme si c'était en moi.

À la fin, un homme m'a mis au défi en me demandant : « Que penser au sujet des cinquante millions de personnes qui votent pour un président que je n'aime pas ?

— Où expérimentez-vous ces cinquante millions de personnes ? lui ai-je demandé.

— Que voulez-vous dire par "où les expérimentez-vous ?" a-t-il répliqué.

— Je lis à leur sujet, je les vois à la télévision et c'est un fait qu'ils ont voté pour lui.

— Mais où expérimentez-vous toute cette information ?

— Dans ma tête, comme les nouvelles.

— À l'intérieur de vous, c'est juste ? lui ai-je demandé.

— Bien oui, je traite l'information à l'intérieur de moi, mais ce sont des informations extérieures à moi. Je n'ai pas cinquante millions de personnes en moi.

— Si, actuellement, vous les avez, ai-je dit. Vous les expérimentez à l'intérieur de vous, alors elles n'existent pas à moins que vous regardiez en vous.

— Mais, je les vois en regardant à l'extérieur.

— Vous les voyez à l'intérieur de vous, ai-je affirmé. Toutes les informations que vous traitez sont en vous. Si vous ne traitez pas ces informations, elles n'existent pas.

— Est-ce qu'on peut dire qu'un arbre qui tombe en forêt fait du bruit si personne n'assiste à sa chute ? »

— Exactement.

— C'est fou.

— Exactement, ai-je dit. C'est la manière de rentrer chez soi. »

J'ai alors décidé de le tester un peu plus. Je lui ai demandé : « Pouvez-vous me dire ce que sera votre prochaine pensée ? »

Il demeura silencieux un moment. Il souhaitait laisser échapper une réponse, mais rien ne sortait.

« Personne ne peut prévoir sa pensée subséquente, ai-je expliqué. Vous pouvez la verbaliser une fois qu'elle s'est manifestée à vous, mais la pensée elle-même provient de votre inconscient. Vous n'avez aucun contrôle sur lui. Le seul choix que vous avez, une fois qu'une pensée survient, c'est d'agir ou non sur cette pensée.

— Je ne vous suis pas.

— Vous pouvez faire une quantité de choses lorsqu'une pensée survient, mais tout cela est engendré par votre inconscient, ai-je expliqué. Vous devez faire quelque chose d'autre afin de nettoyer votre subconscient pour avoir de meilleures pensées.

— Comme quoi ?

— Eh bien, j'écris actuellement un livre à ce sujet, ai-je répondu en faisant référence au livre que vous lisez à présent.

— Et qu'est-ce que cela a à voir avec les cinquante millions de personnes à l'extérieur de moi ?

— Ces personnes ne sont pas plus à l'extérieur de vous que peuvent l'être vos pensées, ai-je dit. Tout est en vous. Et tout ce que vous pouvez faire, c'est de nettoyer afin de libérer les programmes entreposés dans votre esprit. En les nettoyant, les pensées qui y arrivent deviennent plus positives, plus productives et même plus aimantes.

— Je pense encore que tout cela est timbré, a-t-il dit.

— Je vais procéder au nettoyage », ai-je répondu.

Il ne comprendra probablement jamais. Toutefois, si je vais là où il y a zéro limite, je dois assumer l'entière responsabilité du fait qu'il ne comprend pas. Sa mémoire est ma mémoire. Le fait qu'il me la verbalise signifie que je la partage avec lui. Alors, si je m'en libère, il le sera également. Au moment d'écrire cela, je dis : Je t'aime, en pensées derrière les mots, derrière mes doigts qui tapent sur le clavier, derrière l'ordinateur, derrière la scène. En disant : Je t'aime, en travaillant, en écrivant, en lisant, en jouant, en parlant ou en pensant, je tente de nettoyer, d'effacer et de purifier sans arrêt tout ce qui me sépare de zéro.

Pouvez-vous ressentir l'amour ?

Un matin, le Dr Hew Len a dit qu'il a eu la vision d'un logo pour moi contenant un trèfle à quatre feuilles. « Le quatrième pétale est en or et ressemble à une langue », a-t-il dit. Il a passé plusieurs minutes à décrire ce qu'il a vu dans son esprit ou dans les airs. Je ne savais pas où il avait obtenu cette impression. Pas plus que lui d'ailleurs.

« Il faut que tu trouves un artiste qui fera une ébauche du logo pour toi », a-t-il dit.

Plus tard, nous sommes allés marcher dans la ville. Nous y avons déjeuné et ensuite nous avons visité quelques boutiques. La première boutique où nous sommes allés vendait des objets d'art en verre coloré. Nous étions tous deux impressionnés. Au moment où nous admirions les œuvres de la propriétaire de la boutique, elle nous a dit : « Si jamais vous avez besoin d'un logo ou d'une ébauche, nous pouvons la dessiner pour vous. »

Le Dr Hew Len afficha un immense sourire et s'est penché vers moi ; au même moment, je me suis mis à sourire et je me suis incliné vers lui. Être à l'état zéro permet à la synchronicité de se manifester.

Pendant que j'écrivais ce livre, j'ai dû interrompre l'écriture pour participer à une entrevue pour un autre film. Celui-ci ressemble au film *Le Secret*, mais l'objectif vise la santé par la pensée. J'ai commencé l'entrevue en disant que les pensées ne sont pas aussi importantes que l'absence de pensées. J'ai tenté d'expliquer l'état où il y a zéro limite, là où nous permettons au Divin de nous guérir et non de nous guérir nous-mêmes. Je n'étais pas certain de la raison pour laquelle je parlais de tout ça. Une partie de moi s'interrogeait au sujet de ma santé mentale. Mais j'ai suivi le courant.

Après le tournage, une femme qui avait tout observé a pratiquement laissé échapper qu'elle guérissait les gens en atteignant l'état zéro. Il s'avère que c'est un médecin qui guérit maintenant les animaux. Alors qu'elle se trouve avec des animaux malades, elle entre dans l'état où il y a absence de pensées et où il y a zéro limite. Elle m'a montré des photos de chiens atteints de cataracte, puis les photos suivantes montraient qu'ils étaient totalement guéris.

Une fois de plus, le Divin était en train de prouver qu'il avait tout le pouvoir et non pas moi. Je peux seulement nettoyer, puis ensuite je peux l'entendre et lui obéir.

Hier soir, j'ai passé une heure et demie au téléphone avec un auteur à succès qui est aussi un gourou du développement personnel. Pendant des années, j'ai été un de ses admirateurs. J'adore tous ses livres. Je suis un fervent admirateur de ce qu'il enseigne. Puisqu'il apprécie également mon travail, nous avons finalement pu nous joindre pour discuter. Cependant, j'ai été stupéfait de ce dont nous avons parlé.

Cet expert en évolution personnelle m'a raconté une histoire totalement horrible mais vraie de ce qu'il a vécu durant les deux dernières années. Il a été persécuté et abusé par quelqu'un qu'il aimait. En l'écoutant, je me demandais comment il pouvait affirmer avoir été victime quand le message de ses livres parle de prendre la responsabilité de notre vie.

J'ai commencé à avoir à l'esprit le fait que presque tout le monde – même les experts en développement personnel qui essaient de nous enseigner comment vivre (incluant moi-même) – n'avait aucune idée de ce qu'il faisait. Il lui manque un morceau de casse-tête. Les gens arrivent à une conclusion où ils croient que parce que quelque chose a fonctionné dans le passé pour eux, cela fonctionnera en tout temps à l'avenir pour tous. Mais la vie n'est pas comme cela. Nous sommes tous différents et la vie est en perpétuel changement. Juste au moment où nous croyons avoir compris, il arrive un nouveau tournant et notre vie semble hors de portée une fois de plus.

Le travail du Dr Hew Len nous enseigne à lâcher prise et à faire confiance au Divin, à nettoyer constamment les pensées et les expériences qui surgissent pendant que l'on écoute le Divin. Grâce à ce travail continu, nous pouvons éliminer les mauvaises herbes afin que nous puissions maîtriser la vie avec facilité et grâce.

En écoutant cet auteur en développement personnel me raconter son voyage dans le malheur, je continuais de dire : Je t'aime, silencieusement à l'intérieur de mon esprit, m'adressant au Divin. Après avoir fini son histoire, il semblait plus lumineux et plus heureux.

Comme le Dr Hew Len ne cesse de me répéter et de répéter à tout le monde : « Le Divin n'est pas un concierge. Nous ne devons pas lui demander des choses ; nous devons nettoyer. »

J'adore passer du temps avec le Dr Hew Len. Il ne semble jamais être ennuyé par mes questions. Un jour, je lui ai demandé s'il existait une méthode de nettoyage avancée. Après tout, il pratiquait Ho'oponopono depuis plus de vingt-cinq ans. Il avait sûrement créé ou reçu d'autres méthodes que « Je t'aime » pour nettoyer les mémoires.

« Que faites-vous actuellement pour nettoyer ? » lui ai-je demandé. Il a eu un petit rire et a dit : « Je tue le Divin. »

J'étais estomaqué. « Je tue le Divin ? » ai-je répété en me demandant ce que cela pouvait bien dire. « Je sais que même l'inspiration représente une étape proche de l'état zéro », a-t-il expliqué. Je me suis alors dit qu'il me fallait tuer le Divin pour pouvoir entrer à la maison.

« Mais comment pouvez-vous tuer le Divin ?
— En continuant de nettoyer », a-t-il répondu.

Toujours, toujours, toujours, cela revient continuellement tel un refrain singulier qui guérit chacune de nos blessures : « Je t'aime, je suis désolé, s'il te plaît, pardonne-moi, merci. »

À la fin de 2006, au moment où j'étais à Varsovie, en Pologne, j'ai décidé d'aborder l'idée de zéro limite et de l'état zéro avec mon auditoire. Je m'y étais rendu pour une conférence de deux jours à propos du marketing hypnotique et de mon livre *Le Facteur d'attraction*. J'ai trouvé que les gens étaient ouverts d'esprit, chaleureux et qu'ils étaient impatients d'apprendre. Alors, je leur ai enseigné ce que je partage avec vous : que nous sommes responsables de ce qui existe dans notre vie et que la manière de tout guérir s'effectue avec un simple « Je t'aime ».

Malgré le fait que l'auditoire ait eu besoin d'un traducteur pour comprendre ma présentation, les gens semblaient boire chacune de mes paroles. Cependant, une personne m'a posé une question intéressante : « Ici, en Pologne, les gens passent toutes leurs journées à prier Dieu et à aller à l'église, mais nous avons eu de dures guerres, nos villes ont été bombardées par Hitler, nous vivons sous la loi martiale depuis des années et nous souffrons. Pourquoi toutes ces prières ne fonctionnent-elles pas et en quoi sont-elles différentes de cette prière hawaïenne ? »

J'ai pris le temps d'accueillir la bonne réponse souhaitant que le Dr Hew Len ait été là pour m'aider. Voici la réponse que j'ai donnée à ce moment-là.

« Les gens n'obtiennent pas tant ce qu'ils désirent avoir, mais plutôt ce qu'ils ressentent. La plupart des gens qui prient ne croient pas qu'ils seront entendus ou qu'ils seront aidés. La plupart des gens prient dans un état de désespoir, ce qui signifie qu'ils attireront encore plus ce qu'ils ressentent : plus de désespoir. »

Mon interlocuteur a semblé comprendre cette réponse et l'a acceptée. Il a acquiescé par un signe de tête. Cependant, lorsque je suis rentré aux États-

Unis, j'ai écrit au Dr Hew Len pour lui demander ce qu'il aurait répondu. Il m'a retourné le courriel suivant :

> *Ao Akua,*
> *Je te remercie pour cette chance de nettoyage à propos de tout ce qui se passe dans mon expérience par rapport à ta question.*
> *Il y a deux ans, à Valencia, en Espagne, une Américaine s'est pointée à la formation que j'y donnais et, lors d'une pause, elle m'a dit : « Mon petit-fils était atteint d'un cancer. J'ai prié pour lui, demandant qu'il ne meure pas, mais il est quand même décédé. Comment cela se fait-il ? »*
> *« Vous avez prié la mauvaise personne, ai-je dit. Il aurait été préférable de prier pour vous-même, en demandant pardon pour ce qui se passait en vous, dans votre expérience similaire à cette maladie chez votre petit-fils. »*
> *Les gens ne se voient pas comme étant eux-mêmes la source de leurs expériences. Il est rare que les prières soient dirigées par le requérant vers ce qui se passe en lui-même.*
> *Paix de Soi,*
>
> *Ihaleakala*

J'ai adoré cette réponse parfaitement honnête. Encore et encore, son thème répète que rien n'est à l'extérieur de nous. Quand les gens prient, ils agissent comme s'ils n'avaient aucun pouvoir, aucune responsabilité. Mais avec Ho'oponopono, nous sommes totalement responsables. La prière sert à demander pardon pour ce qu'il y a en nous qui a occasionné cette circonstance extérieure. La prière est un branchement au Divin. Après quoi, il ne reste qu'à faire confiance au Divin pour nous guérir. En nous guérissant, l'extérieur guérit aussi. Tout, sans aucune exception, est à l'intérieur de nous.

Larry Dossey l'a bien dit dans son livre *Ces mots qui guérissent*[1] : « Ces temps-ci, nous avons besoin de rappeler que la prière, selon son rôle de pont vers l'absolu, n'a aucun taux d'échec. Elle fonctionne cent pour cent du temps à moins que nous n'empêchions sa réalisation en restant inconscients par rapport à celle-ci. »

Il y a une chose qui m'agace dans mon travail avec le Dr Hew Len.

Au fur et à mesure que mon être prend de l'expansion et qu'il découvre des révélations, je crains que mes précédents livres soient erronés et qu'ils induisent les gens en erreur. Dans *Le Facteur d'attraction*, par exemple, j'ai vanté le pouvoir de l'intention. Maintenant, des années après l'écriture de ce livre, je sais que l'intention est un jeu stupide, un jouet de l'ego et je sais que la véritable source du pouvoir, c'est l'inspiration. Je sais aussi maintenant qu'accepter la vie et non la contrôler représente le grand secret du bonheur. Trop de gens, incluant moi-même, se servent de la visualisation et des affirmations pour manipuler le monde. Je sais dorénavant que cela n'est pas nécessaire. Il est de loin préférable de suivre le courant tout en nettoyant continuellement ce qui survient.

Je commençais à me sentir comme Neville Goddard avait dû se sentir. Neville est l'un de mes auteurs mystiques favoris. Son plus récent livre traite de la manière de créer notre propre réalité en transformant nos émotions en faits. Il appelait ce processus « la loi » dans ses livres tels que *The Law and the Promise*[2]. « La loi » fait

---
1. Larry, Dossey. *Ces mots qui guérissent : le pouvoir de la prière en complément de la médecine*, Paris, Jean-Claude Lattès, 1995, 342 p.
2. Goddard Neville, *The Law and the Promise*, Camarillo, CA : DeVorss, 1984.

référence à notre habileté d'influencer le monde grâce à nos émotions. « La promesse » représente notre abandon à la volonté de Dieu envers nous.

Neville a commencé sa carrière en enseignant aux gens la manière d'obtenir ce qu'ils voulaient grâce à ce qu'il appelait « l'imagination éveillée ». Cette courte appellation se réfère à la citation préférée de Neville : « l'imagination crée la réalité ». Son tout premier livre que j'ai mis à jour par la suite s'intitulait *At Your Command*[1]. Dans ce livre, il expliquait que le monde est effectivement « à nos ordres ». Faites part au Divin ou à Dieu de ce que vous désirez et il vous le remettra. Mais des années plus tard, après 1959, Neville s'est éveillé à un pouvoir plus grand : lâcher prise et laisser Dieu agir à travers lui.

Toutefois, il ne pouvait plus reprendre ses livres précédents comme le garagiste pouvait le faire avec une voiture défectueuse. Je n'ai aucune idée si ses livres le choquaient ou non. Je suppose que non. Il les a laissés circuler dans le monde parce qu'il ressentait que « la loi » était utile pour aider les gens à faire un bond dans la vie. Mais moi, j'aimerais revoir mes livres. Je sens qu'ils induisent les gens en erreur. J'ai fait part au Dr Hew Len que je croyais ainsi rendre un bien mauvais service au monde.

« Tes livres sont comme un marchepied, a expliqué Dr Hew Len. Les gens se situent à des niveaux très variés sur l'échelle de la vie. Tes livres leur parlent selon le niveau où ils se situent. En utilisant tes livres pour croître, ils deviennent mûrs pour un autre livre. Tu n'as pas du tout à les revoir. Ils sont tous parfaits. »

---

1. Goddard Neville, *At Your Command*, Reprint Edition, Garden City, NY, MorganJames Publishing, 2005

En pensant à mes livres, à Neville, au Dr Hew Len et à tous les lecteurs passés, présents et futurs, tout ce que je peux dire était : « Je suis désolé, s'il vous plaît, pardonnez-moi, merci et je vous aime. »

Nettoie, nettoie, nettoie.

La vérité derrière l'histoire

Ce n'est pas votre faute, mais c'est votre responsabilité.

Dr Joe VITALE

Je n'en avais pas encore fini avec le Dr Hew Len. Je n'avais toujours pas obtenu toute l'histoire à propos de son travail à l'asile.

Un jour, je lui ai encore demandé : « Vous n'avez jamais rencontré les patients ?

— Jamais ? Je les croisais dans le corridor, mais je ne les ai jamais reçus dans mon bureau en tant que patients, a-t-il dit. Une fois, j'ai rencontré l'un d'eux et il m'a dit : "Je pourrais vous tuer, vous savez." Je lui ai répondu : Je crois aussi que vous pourriez faire un excellent travail. »

Le Dr Hew Len a poursuivi en disant : « Quand j'ai commencé à l'hôpital de l'État où l'on s'occupait des malades mentaux criminels, nous avions trois ou quatre agressions majeures entre les patients par jour. Il pouvait y avoir jusqu'à trente patients à la fois qui s'assaillaient. Les gens étaient enchaînés, mis à l'isolement ou confinés dans une salle. Les médecins et les infirmiers rasaient les murs de peur d'être attaqués. Après seulement quelques mois de nettoyage, nous avons observé une grande amélioration : il n'y avait plus d'enchaînement, plus d'isolement et les gens pouvaient aller et venir librement et faire certaines tâches ou pratiquer des sports. »

Mais qu'avait-il bien pu faire exactement pour que s'amorce cette transformation ?

« J'ai dû prendre la responsabilité entière d'avoir moi-même manifesté ce problème à l'extérieur de moi, a-t-il dit. Je devais nettoyer mes propres pensées toxiques et les remplacer par de l'amour. Il n'y avait rien de problématique chez les patients. L'erreur était en moi. »

Comme l'expliquait le Dr Hew Len, les patients et même l'aile complète ne se sentaient pas aimés. Alors, il s'est mis à aimer tout ce qui l'entourait.

« J'ai vu que les murs avaient besoin d'être repeints, m'a-t-il dit. Mais aucune peinture neuve n'adhérait aux murs. Elle s'écaillait sur-le-champ. Ainsi, j'ai simplement dit aux murs que je les aimais. Voilà qu'un jour quelqu'un a décidé de les repeindre et la peinture y a finalement adhéré. »

Le moins qu'on puisse dire, cela semble étrange, mais avec lui, j'étais habitué à ce genre de discours. Puis j'ai dû finalement me résoudre à lui poser la question qui me dérangeait le plus.

« Est-ce que tous les patients ont été libérés ?

— Deux d'entre eux ne l'ont jamais été, a-t-il répondu. Ils ont tous les deux été transférés ailleurs. Par contre, l'aile tout entière a été guérie. »

Puis il a ajouté quelque chose qui m'a réellement fait comprendre la puissance de ce qu'il avait fait.

« Si tu veux savoir comment cela se passait à cette époque, écris à Omaka-O-Kala Hamaguchi. Elle était travailleuse sociale quand j'y étais. »

Alors je lui ai écrit. Elle m'a répondu ce qui suit :

Cher Joe,

Je vous remercie de m'offrir cette possibilité. Prenez note que cette lettre est écrite en collaboration avec Emory Lance Oliveira qui a également travaillé au département avec le Dr Hew Len à titre de travailleuse sociale.

C'est moi qui ai postulé pour cet emploi nouvellement offert au département de médecine légale de l'asile d'Hawaï. Ce département était appelé Unité fermée sous sécurité intensive (UFSI). Il logeait des patients en détention qui avaient commis à plusieurs reprises un des crimes haineux ci-après mentionnés ou une combinaison de certains d'entre eux : des meurtres, des enlèvements, des agressions, des viols, des vols, des agressions sexuelles. Ils étaient également diagnostiqués comme ayant possiblement de graves désordres mentaux.

Certains de ces patients n'avaient pu être jugés aux assises pour des motifs d'aliénation mentale, alors ils devaient être détenus à l'asile. D'autres étaient des psychotiques sévères qui avaient besoin d'être soignés et, enfin, d'autres s'y trouvaient pour subir des examens et une évaluation afin de déterminer leur capacité à subir un procès (c'est-à-dire la capacité à comprendre les accusations portées contre eux et à pouvoir se défendre eux-mêmes). Quelques-uns étaient schizophrènes, d'autres bipolaires ou retardés mentalement alors que d'autres avaient reçu un diagnostic de psychopathe ou de sociopathe. Il y avait également ceux qui tentaient de convaincre la cour qu'ils étaient des êtres supérieurs.

Ils étaient tous enfermés au département jour et nuit et ils ne pouvaient sortir que s'ils étaient menottés aux poignets, aux pieds et escortés pour un rendez-vous médical ou une convocation à la cour. Ils étaient à l'isolement la majeure partie de la journée, dans une salle verrouillée sans aucune fenêtre avec des murs et un plafond en béton et une salle de bains verrouillée. La plupart d'entre eux avaient de lourdes prescriptions de médicaments. Les activités y étaient très rares.

Les « incidents » faisaient partie de la réalité quotidienne – des patients attaquaient le personnel ou attaquaient d'autres patients, s'agressaient entre eux ou tentaient de s'échapper. Les « incidents » parmi le personnel étaient aussi problématiques – les employés manipulaient les patients ; il y avait des problèmes de drogue, de congés maladie, de travail compulsif, de querelles entre employés ; de perpétuelles rotations chez les psychologues, les psychiatres et le personnel administratif ; il y avait des problèmes de plomberie et d'électricité, et cela se produisait encore et encore. Cet endroit était réellement un lieu violent, instable, déprimant et hostile. Même les plantes ne parvenaient pas à croître dans ce lieu.

Jamais personne ne s'était attendu à ce que les choses changent réellement, même après la relocalisation dans une aile fraîchement rénovée, beaucoup plus sécuritaire, qui bénéficiait d'une aire de récréation clôturée.

Alors, quand un autre psychologue est venu, il était facile de supposer qu'à son tour il tenterait de faire bouger les choses, s'attaquerait à mettre en pratique les règles de l'art dans le domaine, puis qu'il partirait aussi vite qu'il était arrivé – la même rengaine quoi !

Cependant, cette fois, il s'agissait du Dr Hew Len qui, bien que sympathique, avait plutôt l'air de faire trois fois rien. Il n'a pas fait d'évaluation, d'examen ou de diagnostic ; il n'a prescrit aucun examen psychologique. Il arrivait souvent en retard et il ne participait pas aux réunions de spécialistes pour discuter des dossiers des patients ni ne contribuait à mettre à jour les dossiers des patients. À la place, il pratiquait sa méthode étrange d'Identité de Soi Ho'oponopono, afin de prendre la responsabilité à cent pour cent de son être, tout cela en regardant seulement en lui pour pouvoir enlever les énergies négatives indésirées – la même rengaine.

Le plus étrange dans tout cela était de constater que ce psychologue avait toujours l'air à l'aise et qu'il semblait même réellement s'amuser. Il riait beaucoup, il avait du plaisir avec les patients et le personnel et il avait l'air d'apprécier sincèrement ce qu'il faisait. En retour, tout le monde semblait l'aimer et l'apprécier aussi, même s'il n'avait pas l'air de travailler fort.

Puis les choses ont commencé à changer. Les salles d'isolement n'ont plus été utilisées ; les patients devenaient de plus en plus responsables de leurs propres besoins et de leurs affaires ; ils ont commencé à s'impliquer dans la planification et l'implantation de programmes et de projets qui les concernaient. Le taux de prescriptions médicales a également diminué et on a progressivement permis aux patients de quitter le département sans restriction.

Le département s'est animé – il est devenu plus calme, plus lumineux, plus sécuritaire, plus propre, plus actif et amusant et plus productif. Les plantes se sont mises à pousser, les problèmes de plomberie ont pratiquement disparu, les incidents violents sont devenus rares au département et les employés semblaient être plus en harmonie, plus détendus et plus enthousiastes. Les problèmes de surplus d'employés et de suppressions de postes ont remplacé ceux de congés maladie et de manque d'effectif.

Il y a deux événements précis qui m'ont marquée :

Il y avait un patient paranoïaque, victime de psychose, avec un historique de violence important qui avait blessé plusieurs personnes autant à l'hôpital qu'à l'extérieur et qui avait vécu de multiples entrées à l'hôpital. Il avait été admis au UFSI parce qu'il avait commis un meurtre. J'en avais une peur bleue. Les cheveux se dressaient sur ma nuque chaque fois qu'il était près de moi.

Un an ou deux après que fut arrivé le Dr Hew Len, j'ai aperçu ce patient marcher dans ma direction avec une escorte mais sans être menotté et à ma grande surprise les cheveux sur ma nuque ne se sont pas dressés comme auparavant. C'est comme si j'observais les choses sans jugement, au moment même où nous nous sommes croisés. Ce n'était pas ma façon habituelle de réagir. En fait, j'ai remarqué qu'il avait l'air calme. Je ne travaillais plus à ce département à ce moment-là, mais il me fallait découvrir ce qui s'y était produit. J'ai appris qu'il n'était plus à l'isolement ni menotté depuis un moment et la seule explication qu'on m'a donnée à ce sujet est que quelques employés ont pratiqué les enseignements d'Ho'oponopono que le Dr Hew Len leur avait dispensés.

L'autre événement s'est produit alors que j'étais en train de regarder les nouvelles à la télé. Je prenais alors une journée de congé pour me reposer du travail et me relaxer un peu. On y parlait de la comparution d'un patient de l'Unité fermée sous sécurité intensive (UFSI) qui avait attenté à la pudeur d'une fillette de trois ou quatre ans et qui l'avait tuée par la suite. Il a été hospitalisé après avoir été jugé inapte à subir un procès. Il a été examiné et évalué par de nombreux psychiatres et psychologues, lesquels ont émis une batterie de diagnostics qui allaient probablement servir à l'acquitter pour des raisons d'aliénation mentale. Ainsi, il n'aurait pas à aller en prison ; il serait probablement assigné dans l'aile la moins contraignante de l'asile avec une possibilité de libération conditionnelle.

Le Dr Hew Len avait déjà dialogué avec ce patient et, un beau jour, ce dernier lui a demandé de lui enseigner le procédé ISH ; on raconte qu'en bon ancien officier de la marine qu'il était, il le pratiquait de manière constante avec beaucoup de persévérance. Voilà que ce jour-là, à la télévision, il venait d'être jugé apte à subir son procès et la cour venait de déterminer la date de ce procès.

Alors que la plupart des autres patients et leurs avocats auraient choisi et choisiront probablement toujours la défense d'aliénation mentale, ce patient, quant à lui, n'avait pas opté pour cette voie. Le jour précédant sa comparution, il a renvoyé son avocat. Et le lendemain, il s'est avancé vers le juge et il a affirmé avec humilité et regret : « Je suis responsable et je suis désolé. » Personne ne s'attendait à cela. Le juge a mis un peu de temps à réaliser ce qui venait de se passer.

À deux ou trois reprises, j'ai joué au tennis avec le Dr Hew Len et cet homme. Bien que ce patient ait été poli et courtois, j'avais des a priori. Cependant, ce jour-là, devant mon téléviseur, je n'éprouvais que de la tendresse et de l'amour pour lui et j'ai senti en même temps tout un revirement dans cette salle d'audience. La voix du juge et des avocats s'est adoucie. Les gens qui l'entouraient semblaient le regarder avec compassion. C'était vraiment un moment intense.

Alors, un jour, après une partie de tennis, lorsque le Dr Hew Len a demandé si quelques-uns d'entre nous aimeraient apprendre ce fameux Ho'oponopono, j'ai sauté sur l'occasion, attendant impatiemment que finisse cette partie de tennis pour commencer la formation. Depuis, il s'est écoulé près de vingt ans et j'ai encore beaucoup de respect d'avoir alors appris que c'était la Divinité qui agissait à travers le Dr Hew Len lors de son passage à l'hôpital de l'État d'Hawaï. Je suis éternellement reconnaissante envers le Dr Hew Len et envers l'étrange méthode qu'il nous a transmise.

Au fait, au cas où vous vous demanderiez ce qui s'est passé avec ce patient, il a été déclaré coupable, mais il a en quelque sorte été récompensé par le juge qui a accédé à sa demande de purger sa peine dans une prison fédérale située dans l'État où il résidait afin qu'il puisse ainsi se rapprocher de sa femme et de ses enfants.

Malgré les vingt ans qui se sont écoulés, ce matin, j'ai reçu un appel de la secrétaire qui travaillait à ce moment-là au département. Elle souhaitait me demander si le Dr Hew Len pouvait bientôt être disponible pour venir rencontrer des employés de l'époque, lesquels sont pratiquement tous à la retraite. La rencontre est prévue dans quelques semaines. Qui sait ce qui va en ressortir ? Mes antennes sont bien en place pour capter d'autres histoires.
Paix,

O. H.

Voilà comment cela s'est passé. Le Dr Hew Len a bel et bien accompli un miracle dans cet hôpital. En pratiquant l'amour et le pardon, il a transformé les gens qui n'avaient plus aucun espoir et qui, dans bien des cas, avaient été rejetés par la société.

C'est cela le pouvoir de l'amour.

Bien sûr, il me fallait en savoir encore plus.

Après avoir complété le brouillon de ce livre, je l'ai envoyé au Dr Hew Len afin qu'il le révise. Je souhaitais qu'il confirme son exactitude. Je voulais également qu'il complète les omissions dans l'histoire relatant ses années à l'asile. Environ une semaine après avoir reçu le manuscrit, il m'a écrit le courriel suivant :

Ao Akua,
Voici une note confidentielle qui s'adresse seulement et uniquement à toi. Elle fait suite à la lecture du

brouillon de Zéro Limite. *J'ai d'autres commentaires à te faire à ce sujet, mais je te les ferai suivre dans un autre courriel.*

« *Tu as fini* » *m'a dit Morrnah sans aucune empathie.*

« *J'ai fini quoi ?* » *lui ai-je demandé.*

« *Tu as fini ton travail à l'hôpital de l'État d'Hawaï.* »

En ce jour du mois de juillet 1987, même si j'avais ressenti dans son commentaire que c'était effectivement la fin, je lui ai dit : « Je dois leur donner deux semaines de préavis ». Évidemment, je ne l'ai pas fait. Rien ne s'est produit pour que j'aie à le faire. Et personne à l'hôpital n'en a fait mention.

Je n'ai jamais remis les pieds à l'hôpital malgré le pot d'adieu qui avait été organisée pour mon départ. Mes amis ont fait la fête en mon absence. Le cadeau d'adieu a été remis à la fondation que je présidais après mon départ.

J'ai adoré mon passage au département médico-légal de l'hôpital de l'État d'Hawaï. J'ai beaucoup aimé les gens qui s'y trouvaient. À tel point qu'à un moment donné, je ne sais plus quand, je suis passé de psychologue de l'établissement à membre de la famille.

Durant trois ans, à raison de vingt heures par semaine passées à ce département, j'ai été proche du personnel, des patients, de l'autorité, de la police, des cliques et de la violence tangible ou cachée.

J'étais là quand les chambres d'isolement, les menottes, la médication et d'autres formes de contrôle étaient des modes de fonctionnement habituels et acceptables.

J'étais également là lorsque l'utilisation des chambres d'isolement s'est tout simplement évaporée. Quand ? Personne ne peut le dire.

La violence physique et verbale s'est évaporée également.

La réduction des médicaments s'est faite d'elle-même.

D'une certaine manière, personne ne peut dire quand les patients ont commencé à avoir des récréations ou des ateliers de travail sans être attachés ou sans avoir besoin d'une autorisation médicale.

La transformation du département d'un état de folie et de tension à un état de paix s'est produite tout simplement sans effort conscient.

Du manque de personnel, le département est tout naturellement passé à un surplus d'employés.

Alors, j'aimerais être clair par rapport au fait que j'ai été un membre proche et actif de la famille et pas juste un spectateur.

Il est vrai que je n'ai prodigué aucune thérapie. Je n'ai pas fait de test psychologique non plus ni assisté aux réunions du personnel. Je n'ai pas non plus participé aux discussions de groupes à propos des patients. Toutefois, je me suis entièrement impliqué dans le travail du département.

J'ai assisté à la naissance du premier projet de travail du département – cuisiner et vendre des biscuits. J'ai aussi pris part à la première activité à l'extérieur du département – un lave-auto. J'étais là également quand le programme de récréation extérieure a débuté.

Ce n'est pas parce que je croyais que les fonctions usuelles du personnel en psychologie étaient inutiles que je n'y ai pas pris part. Je ne sais d'ailleurs pas pourquoi je ne les ai pas effectuées.

Cependant, j'ai fait la tournée du département, préparé des biscuits, pratiqué le jogging et des parties de tennis à l'extérieur du département.

Mais, par-dessus tout, j'ai effectué mon nettoyage avant, pendant et après chaque visite au département, semaine après semaine, durant trois ans. J'ai nettoyé tout ce qui se passait en moi par rapport au département chaque matin et chaque soir et chaque

fois que quelque chose au sujet du département m'effleurait l'esprit.
Merci.
Je t'aime.
Paix de Soi.

Ihaleakala

J'ai adoré cet éclaircissement supplémentaire. Il permet de révéler non seulement la grande humilité du Dr Hew Len, mais également d'expliquer ce qu'il a fait et n'a pas fait durant son embauche à l'hôpital.

Je lui ai écrit pour lui demander la permission d'inclure ce courriel dans le livre afin de pouvoir le partager avec vous. Il m'a répondu par un seul mot – celui que j'attendais – oui.

Je n'en ai pas encore terminé avec ce qu'il est possible d'apprendre de cet homme si étonnant. Ensemble, nous avons décidé de donner des séminaires et bien sûr d'écrire ce livre. Maintenant, je savais au moins l'histoire complète au sujet de ce qu'il avait fait pour aider à guérir une aile entière de malades mentaux criminels. Il y était arrivé comme il parvenait à faire tout le reste : en agissant sur lui-même. Et la manière d'agir sur lui-même tient en trois petits mots : « Je t'aime. »

Il s'agit du même processus que vous et moi pouvons faire évidemment. Si j'avais à résumer en quelques étapes la méthode moderne d'Identité de Soi par Ho'oponopono que le Dr Hew Len enseigne, cela pourrait ressembler à ceci :

1. Nettoyer constamment.
2. Saisir les idées et les possibilités qui se manifestent sur notre chemin.
3. Nettoyer constamment.

C'est tout ! Il s'agit sans doute de la plus courte route vers le succès qui ait été créée. C'est sans doute la voie qui exige le moins de résistance. C'est sans doute la route la plus directe pour atteindre l'état zéro. Et tout cela commence et aboutit avec une seule phrase magique : « Je t'aime. »

C'est la voie à suivre pour entrer dans la zone de zéro limite.

Et, c'est sûr, je vous aime.

Épilogue

LES TROIS STADES DE L'ÉVEIL

Ici, sur terre, mon travail est double. Mon travail est avant tout de faire amende honorable. Puis la seconde partie de mon travail est d'éveiller les gens qui pourraient s'être endormis. La seule manière de les éveiller est d'agir sur moi-même.

Dr Ihaleakala Hew LEN

L'autre jour, un journaliste m'a demandé : « Dans un an, que croyez-vous avoir fait ? »

Dans le passé, je lui aurais dressé une liste exhaustive de tout ce que j'espérais accomplir d'ici là. J'aurais parlé de mes plans, de mes buts et de mes intentions. Je lui aurais parlé des livres que j'avais l'intention d'écrire ou des choses que je souhaitais créer ou acheter. Toutefois, grâce à tout le travail que j'ai fait avec le Dr Hew Len, je n'ai désormais plus de buts, d'intentions ou de plans établis. À la place, dans la vérité du moment présent, je lui ai répondu :

« Bien plus que je ne suis actuellement en mesure de l'imaginer. »

Il y a beaucoup plus de profondeur dans cette réponse qu'on peut percevoir à première vue. Elle provenait de l'inspiration. J'en ai été surpris en la disant. Elle révèle également où se situe mon esprit à présent : je suis plus intéressé par « ce » moment actuel que par ceux qui viendront ensuite. En prêtant attention à ce moment, ceux qui viendront après seront très bien. Comme je l'ai mentionné un jour au Dr Hew Len : « Ces jours-ci, mon intention est d'honorer l'intention du Divin. »

Il y a quelques minutes, j'ai parlé de la question du journaliste et de ma réponse inspirée à un ami. Il les a adorées. Il pratique Ho'oponopono avec moi depuis quelques mois maintenant, alors il comprend l'ultime vérité : quand nous mettons de côté notre ego et les désirs de notre ego, nous permettons à quelque chose de mieux de nous guider : le Divin.

Ce nouveau « moi » et cette nouvelle compréhension font partie intégrante de ma vivification. Tout cela bien sûr ne s'est pas produit en une seule nuit. En disant : « Je t'aime », et les autres phrases, j'ai été conduit vers une plus grande conscience que l'on pourrait appeler un réveil ou peut-être bien une « illumination » en soi. J'en suis venu à comprendre qu'il y avait au moins trois stades à cet éveil et ils représentent pratiquement la carte de vie du voyage spirituel. Ils sont :

1. **Nous sommes des victimes**. Nous sommes pratiquement tous nés en nous sentant impuissants. La plupart d'entre nous sont restés à ce stade. Nous croyons que le monde extérieur est là pour nous coincer : le gouvernement, les voisins, la société, les mauvaises personnes, quelle que soit leur apparence. Nous ne croyons pas détenir un quelconque pouvoir. Nous sommes la conséquence de ce que cause le monde. Nous ronchonnons, nous nous plai-

gnons, protestons et nous regroupons pour combattre ceux qui sont responsables de nous. En général, la vie est un tas de conneries, sauf bien sûr lors des quelques fêtes auxquelles nous sommes conviés.
2. **Nous sommes en contrôle.** À ce stade, nous pouvons voir un film qui change notre vie, comme le film *Le Secret*, ou nous lisons un livre tel que *Le Facteur d'attraction* ou *La Magie de croire*[1] et nous prenons conscience de notre propre pouvoir. Nous réalisons la puissance d'établir des intentions. Nous prenons conscience de la puissance de la visualisation pour nous permettre d'obtenir ce que nous désirons, nous agissons et le réalisons. Alors, nous commençons à expérimenter un peu de magie. Nous commençons à expérimenter des résultats fantastiques. La vie, en général, devient vraiment bonne.
3. **Nous sommes éveillés.** Après le deuxième stade, nous commençons à comprendre que nos intentions sont nos limitations. Nous commençons à voir que malgré tous nos pouvoirs nouvellement acquis, nous ne sommes toujours pas en mesure de tout contrôler. De là, nous réalisons peu à peu que lorsque nous nous abandonnons à un pouvoir plus grand que le nôtre, les miracles tendent à se produire. C'est le début du lâcher-prise et de la confiance. Chaque instant de notre vie, nous commençons à être conscients de notre connexion avec le Divin. Nous apprenons à reconnaître l'inspiration lorsqu'elle se présente à nous et nous l'exécutons ensuite. Nous réalisons que nous avons le choix de notre vie et non le contrôle sur elle. Nous réalisons que la plus grande chose que nous pouvons faire, c'est d'accepter chaque moment de notre vie. À ce stade, les miracles se produisent et

---

1. Claude BRISTOL, *La Magie de croire*, Beloeil, Monde Différent, 1979, 254 p.

nous sommes constamment étonnés de les découvrir au fur et à mesure qu'ils se manifestent. Généralement, nous vivons dans un état de constant émerveillement, d'étonnement et de gratitude.

Je suis entré dans le troisième stade et peut-être l'êtes-vous aussi actuellement ? Puisque vous avez entamé ce voyage avec moi, laissez-moi vous offrir quelques explications supplémentaires au sujet de mon propre éveil. Cela vous préparera peut-être à ce qui se prépare sous peu pour vous ou vous aidera à comprendre ce que vous expérimentez déjà.

J'ai eu un aperçu du Divin lors du premier séminaire avec le Dr Hew Len. C'est durant ces quelques jours passés avec lui que mon bavardage mental a cessé. J'accueillais tout ce qui se présentait. Une paix qui va bien au-delà de la compréhension s'est alors installée. Le mot *amour* est devenu mon mantra. Comme une mélodie, il jouait constamment dans mon cerveau.

Mais cet aperçu ne s'arrête pas là.

Chaque fois que je me trouvais en présence du Dr Hew Len, je ressentais la paix en moi. Je suis persuadé qu'il avait l'effet du diapason. Sa vibration affectait la mienne. Elle m'amenait à m'harmoniser avec la paix.

Durant le deuxième séminaire, j'ai commencé à avoir ce que certaines personnes appelleraient des apparitions psychiques. Je voyais les auras. Je voyais des anges autour des gens. Je recevais des images. Je me souviens encore d'avoir aperçu des chats invisibles autour du cou de Nerissa. Lorsque je lui en ai parlé, elle a souri. Que ces images fussent vraies ou non, elles ont assurément modifié son humeur. Après cela, elle rayonnait.

Le Dr Hew Len voit souvent des points d'interrogation flotter au-dessus des têtes des gens, lui indiquant quelles personnes il doit inviter à ses conférences.

Lorsqu'il voit des symboles ou des êtres invisibles, il ajoute : « Je sais que cela semble fou. Les psychiatres enfermeraient sûrement la personne qui dirait une chose pareille. »

Il a raison, évidemment, mais une fois que le réveil s'est amorcé, il n'y a plus de retour en arrière. Durant ma première fin de semaine de manifestation, j'ai lu quelques champs énergétiques des participants. Ils étaient stupéfaits. Je ne peux affirmer si cela provient d'un don ou davantage de l'ouverture. Une partie de mon cerveau, jusque-là inutilisée, s'est allumée et s'est mise à éclairer. Depuis, mes yeux voient si je leur permets de voir. J'ai dit au Dr Hew Len : « On dirait que tout me parle. Tout a l'air vivant. » Il a souri pour acquiescer.

Lors de ma seconde fin de semaine de manifestation, j'ai vécu une autre expérience *satori*. *Satori* signifie « un aperçu de l'illumination, un avant-goût du Divin ». C'est comme si une fenêtre coulissante s'ouvrait et que, durant un moment, nous baignions dans la Source de la vie. C'est aussi difficile à expliquer que de tenter de décrire une fleur provenant d'une autre planète. Réaliser que je pouvais disparaître en me fondant à la Source et expérimenter l'état zéro m'ont transformé.

Pour moi, cette expérience est comparable à un téléphone à touches. Je peux la rappeler et y retourner. D'un côté, c'est comme un extraordinaire billet de retour pour la félicité. Et de l'autre côté, il ne s'agit que d'une mémoire qui m'éloigne de ce moment présent. Tout ce que je peux faire, c'est de continuer à nettoyer.

Parfois, lors de différentes rencontres, je me relaxe et laisse errer mon regard. Alors, j'arrive à voir la vérité derrière ce qui nous préoccupe. C'est un peu comme si le temps s'arrêtait ou, à tout le moins, qu'il ralentissait. Ce que je perçois ainsi, c'est la tapisserie sous-jacente de la vie. C'est un peu comme si je pouvais enlever une mince couche recouvrant un tableau pour voir le chef-d'œuvre qui se trouvait en dessous. On peut appeler cela des visions psychiques, une vision en rayons X ou la vue du Divin. Je pourrais aussi dire que Joe Vitale (et même Ao Akua) disparaît dans l'état zéro pour que mes yeux arrivent à percevoir cela. Il y a zéro limite. Là, tout est. À cet endroit, il n'y a aucune confusion. Tout est clair.

Je ne vis pas dans cet état. Je reviens constamment à ce que nous appelons la réalité. Je rencontre toujours des défis. Quand Larry King m'a demandé si j'avais des mauvaises journées, je lui ai dit oui. J'en ai encore. Le Dr Hew Len dit que nous aurons toujours des problèmes. Cependant, Ho'oponopono est une technique de résolution de problèmes. Tant et aussi longtemps que je dirai : Je t'aime, au Divin, et que je continuerai le nettoyage, je retournerai à l'endroit où il y a zéro limite.

Si nous tentons de mettre un mot sur la vibration qu'émet l'état zéro, il ne peut s'agir que du mot *amour*. Alors, prononcer sans arrêt « Je t'aime » nous aide à le syntoniser. Le répéter aide à neutraliser les mémoires, les programmes, les croyances et les limitations qui obstruent le chemin de notre propre éveil. En continuant de nettoyer, je continue de recevoir de l'inspiration pure. Et lorsque j'exécute l'inspiration, des miracles bien plus merveilleux que je n'aurais pu imaginer se produisent. Tout ce que j'ai à faire est de persévérer dans cette voie.

Certaines personnes croient qu'ils comprennent la voix de l'inspiration en prêtant attention au ton de la voix qu'ils entendent dans leur tête. Un jour, un ami m'a dit : « Je connais la différence entre la voix de mon ego et la voix de mon inspiration parce que l'ego est toujours pressé et que l'inspiration est plus douce. »

Cela est décevant. Une voix qui bouscule et une autre qui semble douce sont toutes deux des voix de l'ego. Maintenant, même en lisant ce livre, vous conversez avec vous-même. Vous vous demandez ce que vous lisez. Vous en venez à vous identifier à cette voix et à croire que vous êtes cette voix. Ce n'est pas le cas. La Divinité et l'inspiration sont derrière ces voix. En pratiquant Ho'oponopono, il devient de plus en plus clair de déterminer ce qui est de l'inspiration et ce qui n'en est pas.

Comme le Dr Hew Len continue de nous rappeler, « il ne s'agit pas d'une approche instantanée de guérison. Cela prend du temps ».

J'ajouterais que le réveil peut se produire à chaque instant. Même en lisant ce livre. Ou en marchant. Ou en prenant soin d'un chien. Le contexte n'a aucune importance. C'est l'état intérieur qui compte. Et tout commence et s'achève avec une merveilleuse phrase : « Je t'aime. »

Appendice A

LES PRINCIPES DE BASE DE ZÉRO LIMITE

La paix pour toujours, maintenant, à jamais et plus encore.
Ka Maluhia no na wa a pau, no ke'ia wa a mau a mau loa aku.

1. **Vous n'avez aucune idée de ce qui se passe.**
   C'est impossible d'être conscients de tout ce qui se passe autour de nous, consciemment ou inconsciemment. Votre corps et votre esprit sont actuellement réglés sans être conscients de ce qui se passe. Un grand nombre de signaux sont dans les airs, des ondes radios en passant par des formes diverses, et pour lesquels vous n'avez aucune sensation consciente. En tout temps, vous êtes vraiment cocréateur de votre vie, mais cela se produit inconsciemment sans votre connaissance consciente et sans votre contrôle. Voilà pourquoi vous pouvez maintenir des pensées positives tant que vous voulez et être quand même endetté. Votre esprit conscient n'est pas le créateur.
2. **Vous n'avez pas le contrôle sur tout ce qui vous entoure.**

Visiblement, si vous ne savez pas tout ce qui se passe, il n'est pas possible de le contrôler. Ce n'est qu'un jeu de l'ego si vous croyez que le monde agira selon votre volonté. Sachant que votre ego n'est pas en mesure de savoir ce qui se passe actuellement dans le monde, le laisser décider ce qui est bien pour vous n'est pas très futé. Vous avez le choix, mais vous n'avez pas le contrôle. Vous pouvez utiliser votre esprit conscient pour commencer à choisir ce que vous préférez expérimenter, mais pour cela, il est nécessaire de s'abandonner à ce qui se produira ou non, de quelle manière et quand cela se produira. L'abandon est la clé.

3. **Vous pouvez guérir tout ce que vous rencontrez.**
Peu importe ce qui se produit dans votre vie, peu importe comment cela se manifeste, cela est mûr pour la guérison, simplement parce que cela apparaît sur le radar de votre vie. L'hypothèse est la suivante : si vous pouvez le ressentir, vous pouvez le guérir. Si vous pouvez le voir chez les autres et que cela vous touche, alors cela est mûr pour la guérison. Comme j'ai dit un jour à Oprah : Si vous pouvez l'apercevoir, c'est que vous l'avez aussi. Il est possible que vous n'ayez aucune idée de la raison qui justifie cela dans votre vie ni même comment cela est arrivé, mais vous pouvez le laisser aller parce que désormais vous en êtes conscient. Plus vous guérissez ce qui arrive, plus vous êtes en mesure de manifester ce que vous souhaitez parce que vous avez libéré des énergies bloquées qui peuvent maintenant servir à d'autres fins.

4. **Vous êtes responsable à cent pour cent de tout ce que vous expérimentez.**
Ce qui se produit dans votre vie n'est pas votre faute mais c'est votre responsabilité. La notion de responsabilité personnelle va au-delà de ce que vous dites, faites et pensez. Elle inclut ce que les autres disent,

font et pensent et ce qui se produit dans votre vie. Si vous prenez l'entière responsabilité pour tout ce qui arrive dans votre vie, alors quand quelqu'un fait surface avec un problème, cela devient votre problème aussi. Peu importe le lien qui vous unit à ce problème, vous pouvez le guérir. Bref, vous ne pouvez blâmer aucune personne, aucune situation pour ce qui se manifeste dans votre réalité. Tout ce que vous pouvez faire, c'est d'en prendre la responsabilité, ce qui signifie l'accepter, se l'approprier et l'aimer. Plus vous guérirez ce qui se manifeste à vous, plus vous serez branché à la source.

5. **Votre billet pour atteindre zéro limite est de dire « Je t'aime ».**
Votre laissez-passer qui vous procure la paix au-delà de toute compréhension, de la guérison à la manifestation, est la simple phrase « Je t'aime ». La dire au Divin nettoie tout ce qui se trouve en vous et ainsi vous pourrez expérimenter le miracle du moment présent : zéro limite. Le but est d'aimer tout ce qui nous entoure. Aimez le surplus de poids, la dépendance, les problèmes avec les enfants, le voisin ou le conjoint. Aimez-les tous. L'amour transmute les énergies coincées et les libère. Dire « Je t'aime », c'est le code magique pour vivre l'expérience du Divin.

6. **L'inspiration est plus importante que l'intention.**
L'intention est le jouet de l'esprit, l'inspiration est une instruction provenant du Divin. À un moment donné, vous allez vous abandonner et commencer à écouter au lieu de supplier et d'attendre. L'intention consiste à essayer de contrôler la vie à partir du point de vue limité de l'ego ; l'inspiration consiste à recevoir des messages du Divin et à les mettre en œuvre. Les intentions fonctionnent et apportent des résultats. L'inspiration fonctionne et apporte des miracles. Que préférez-vous ?

Appendice B

COMMENT SE GUÉRIR OU GUÉRIR L'AUTRE ET DÉCOUVRIR LA SANTÉ, LA RICHESSE ET LA JOIE

Voici deux façons de vous guérir (ou de guérir toute autre personne) de ce que vous pouvez observer. Rappelez-vous que ce que vous voyez chez les autres se trouve également en vous. Il n'y a que vous qui puissiez faire ce processus et personne d'autre. Le monde entier repose entre vos mains.

En premier lieu, voici une prière qui, selon Morrnah, a aidé à guérir non seulement des centaines, mais des milliers de personnes. Elle est simple mais puissante :

> Créateur Divin, Père, Mère et fils qui ne font qu'un... Si moi, ma famille, mes proches ou mes ancêtres vous ont offensés ou ont offensé votre famille, vos proches ou vos ancêtres en pensées, en mots, en actes et en actions depuis le début de la création jusqu'à aujourd'hui, nous implorons ton pardon... Puisse tout cela être nettoyé, purifié et libéré. Que tous les blocages, les mémoires, les énergies et les vibrations négatifs soient coupés. Puissent toutes ces énergies indésirables être transmutées en pure Lumière. Ainsi soit-il.

Deuxièmement, le Dr Hew Len aime bien effectuer la guérison en disant d'abord : « Je suis désolé et, s'il te plaît, pardonne-moi. » C'est une manière de reconnaître quelque chose – sans savoir ce que c'est – qui se trouve dans notre système physique ou mental. Vous ne savez pas nécessairement comment cela s'est retrouvé en vous. Vous n'avez pas besoin de le savoir. Si vous avez un surplus de poids, vous avez simplement attrapé le programme qui permet à cette situation de se manifester. En disant : « Je suis désolé », vous affirmez au Divin que vous souhaitez vous pardonner intérieurement à propos de tout ce qui a pu occasionner cette situation. Vous ne demandez pas au Divin de vous pardonner ; vous demandez au Divin de vous aider à vous pardonner vous-même.

Après quoi, vous dites : « Merci » et « Je t'aime ». Quand vous dites : « Merci », vous exprimez votre gratitude. Vous démontrez que vous croyez que la situation se résoudra de la meilleure façon en fonction de tous les intérêts concernés. « Je t'aime » transmute les énergies bloquées en un flot limpide. Il rétablit la connexion entre vous-même et le Divin. En exprimant de l'amour, vous commencez à atteindre l'état zéro qui est pur amour et où il y a zéro limite.

Ce qui se produira ensuite appartient seulement au Divin. Vous pouvez être inspiré d'exécuter une quelconque action. Si c'est le cas, faites-le. Si vous vous doutez de l'action à accomplir, utilisez cette même méthode pour éliminer votre confusion. Quand vous serez nettoyé, vous saurez quoi faire.

Voilà une version simplifiée de la méthode moderne de guérison Ho'oponopono. Pour aller plus en profondeur dans la compréhension du processus d'Identité de Soi Ho'oponopono, inscrivez-vous à un atelier (www.hooponopono.org). Pour en connaître davantage au sujet de ce que le Dr Hew Len et moi faisons ensemble, consultez le site www.zerolimites.info.

Appendice C

QUI EST RESPONSABLE ?

Par le Dr Ihaleakala Hew LEN

Je vous remercie de m'avoir accompagné dans la lecture de cet appendice. Je vous en suis reconnaissant.

J'aime le programme Identité de Soi Ho'oponopono et cette chère Morrnah Nalamaku Simeona, Kahuna Lapa'au, qui me l'a si généreusement offert en novembre 1982.

Cet article est basé sur les notes que j'ai consignées dans mon cahier en 2005.

9 janvier 2005
Les problèmes peuvent être résolus sans savoir ce qui peut bien se passer. Réaliser et apprécier cela est pour moi une véritable délivrance et une joie.

Dans le programme Identité de Soi Ho'oponopono, il est question de résolution de problèmes qui est également en partie le but de l'existence. Pour résoudre les problèmes, deux questions doivent être posées : « Qui suis-je ? » et « Qui est responsable ? »

Pour saisir la nature du cosmos, commençons par la révélation de Socrate : Connaissez-vous vous-même.

21 janvier 2005
Qui est responsable ?

La plupart des gens, incluant la communauté scientifique, interagissent avec le monde comme s'il s'agissait d'une entité physique. Les recherches actuelles relatives à l'ADN pour déterminer les causes des maladies du cœur, du cancer et du diabète et à en trouver des remèdes le démontrent bien :

La loi de cause à effet : **modèle physique**

Cause	*Effet*
ADN défectueux	Maladie du cœur
ADN défectueux	Cancer
ADN défectueux	Diabète
Physique	Problèmes physiques
Physique	Problèmes environnementaux

L'intellect, l'esprit conscient, croit qu'il est celui qui résout les problèmes, qu'il contrôle ce qui se passe et ce qu'il expérimente. Dans son livre *The User Illusion : Cutting Consciousness Down to Size*[1], le journaliste scientifique Tor Norretranders brosse une image différente de la conscience. Il cite des recherches et des études, particulièrement celles du professeur Benjamin Libet de l'uni-

---
1. Tor, NORRETRANDERS, *The User Illusion : Cutting Consciousness Down to Size*, New York, Penguin, 1998.

versité de la Californie à San Francisco, qui démontrent que les décisions sont prises avant que la conscience les exécute et que l'intellect ignore totalement tout cela croyant que c'est lui qui mène le bal.

Norretranders rapporte également des recherches qui montrent que l'intellect ne peut être conscient que de quinze à vingt parcelles d'informations par seconde par rapport aux millions qui circulent en dehors de la conscience.

Si ce n'est pas l'intellect ou la conscience qui est responsable, alors qui est-ce ?

8 février 2005

Les mémoires qui rejouent sans cesse imposent les expériences à l'esprit inconscient.

L'esprit inconscient vit des expériences par procuration, imitant l'écho des mémoires anciennes. Il se comporte, regarde, ressent et décide exactement comme la mémoire lui impose de le faire. L'esprit conscient s'exécute également sans sa propre conscience simplement en rejouant les mémoires telles qu'elles sont. Les études démontrent clairement que les mémoires dictent les expériences.

La loi de cause à effet : Identité de Soi Ho'oponopono

Cause	*Effet*
La mémoire rejoue dans le subconscient	Physique – Maladie cardiaque
La mémoire rejoue dans le subconscient	Physique – Cancer

La mémoire rejoue dans le subconscient	Physique – Diabète
La mémoire rejoue dans le subconscient	Problèmes physiques – Corps
La mémoire rejoue dans le subconscient	Problèmes physiques – Monde

Le corps et le monde résident dans l'esprit conscient en tant que créations des mémoires anciennes, rarement en tant qu'inspirations.

23 février 2005
L'esprit subconscient et l'esprit conscient, incluant l'âme, ne produisent pas eux-mêmes leurs propres idées, leurs propres pensées, leurs propres sentiments ou leurs propres actions. Comme mentionné précédemment, ils les expérimentent par procuration à travers les mémoires qui rejouent ou à travers l'inspiration.

Mais les hommes peuvent interpréter les choses à leur manière, et tout à fait à contresens.

William SHAKESPEARE[1]

Il est essentiel de réaliser que l'âme ne manifeste pas les expériences elle-même, qu'elle voit exactement comme les mémoires voient, ressent comme les mémoires ressentent, agit et décide également comme les mémoires le font.

En matière de résolution de problèmes, il est crucial de constater que ni le corps ni le monde ne constituent le problème en lui-même, mais qu'ils sont plutôt les effets, les conséquences des mémoires qui

---
1. William SHAKESPEARE, *Tome X La Société*, Paris, Pagnerre, 1872.

rejouent dans le subconscient. Qui est responsable ?

> *Pauvre âme, centre même de ma terre corrompue*
> *Ma terre gaste, ces instincts rebelles qui te vêtent*
> *Pourquoi, souffrant famine et langueur au-dedans,*
> *Peindre au-dehors tes murs de couleurs gaies et riches ?*

William SHAKESPEARE[1]

12 mars 2005
Le vide est la base de l'Identité de Soi, de l'esprit, du cosmos. C'est l'état qui précède l'infusion d'inspiration de l'Intelligence Divine dans le subconscient (voir figure C.1).

> *Tout ce que les scientifiques ont découvert à ce jour, c'est que le cosmos a été engendré à partir de rien et qu'il retournera là d'où il provient, c'est-à-dire à rien. L'Univers débute et prend fin à zéro.*

Charles SEIFE, *Zéro, la biographie d'une idée dangereuse*[2]

---

1. William SHAKESPEARE, *Tome X La Société*, Paris, Pagnerre, 1872.
2. Charles SEIFE, *Zéro, la biographie d'une idée dangereuse*, Paris, Hachette, 2004.

**Identité de Soi
État de vide**

Infinité — Intelligence Divine

Esprit supraconscient (Aumakua)

Vide

Esprit conscient (Uhane)

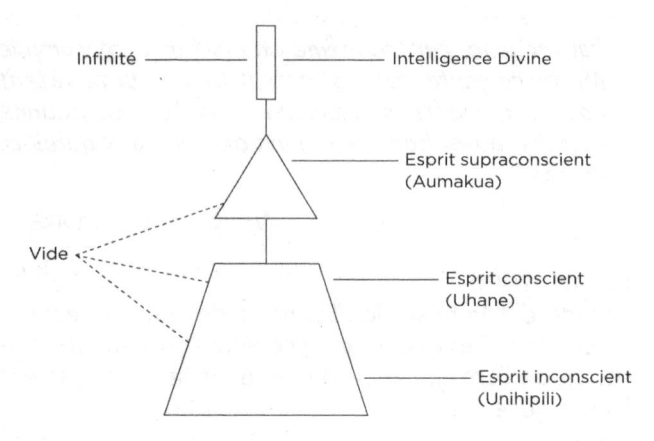

Esprit inconscient (Unihipili)

figure C.1

Les mémoires anciennes prennent la place du vide dans l'Identité de Soi empêchant ainsi la manifestation de l'inspiration. Pour remédier à cette substitution, pour rétablir l'Identité de Soi, il est nécessaire de transformer ces mémoires pour les amener à l'état de vide grâce à l'Intelligence Divine qui les transmutera.

Nettoyez, effacez, effacez et trouvez votre propre Shangri-la. Où ? En vous.

Morrnah Nalamaku Simeona, Kahuna Lapa'au.

Ni tour de pierre, ni mur de bronze battu, ni cachot privé d'air, ni massives chaînes de fer, ne sauraient entraver la force de l'âme.

William SHAKESPEARE[1]

---
1. William SHAKESPEARE, *Tome X La Société*, Paris, Pagnerre, 1872.

22 mars 2005

L'existence est un cadeau provenant de l'Intelligence Divine. Ce cadeau est donné dans le seul but de rétablir l'Identité de Soi grâce à la résolution de problèmes. L'Identité de Soi est une version mise à jour d'un ancien processus de résolution de problèmes hawaïen basés sur le repentir, le pardon et la transmutation.

Ne jugez pas et vous ne serez pas jugé. Ne condamnez pas et vous ne serez pas condamné. Pardonnez et on vous pardonnera.

Jésus, selon l'Évangile de saint Luc, 6

Ho'oponopono requiert la participation de chacun des quatre membres de l'Identité de Soi — Intelligence Divine — Esprit supraconscient, Esprit conscient — Esprit subconscient — travaillant tous ensemble comme une seule entité. Chaque membre constitue une étape et possède une fonction unique dans la résolution de problèmes des mémoires qui rejouent dans le subconscient.

L'esprit supraconscient n'a pas de mémoire et n'est pas touché par celle qui rejoue dans l'esprit subconscient. Il est en constante unité avec l'Intelligence Divine. Cependant, l'Intelligence Divine est en mouvement et elle fait bouger l'esprit supraconscient.

L'Identité de Soi se produit grâce à l'inspiration et aux mémoires. Toutefois, une seule d'entre elles — l'inspiration ou la mémoire — peut diriger l'esprit subconscient à la fois. L'âme de l'Identité de Soi ne peut servir qu'un maître à la fois, habituellement les épines de la mémoire au lieu de la rose de l'inspiration (voir la figure C.2).

Identité de Soi
Stade de l'inspiration

Identité de Soi
Stade des mémoires qui rejouent

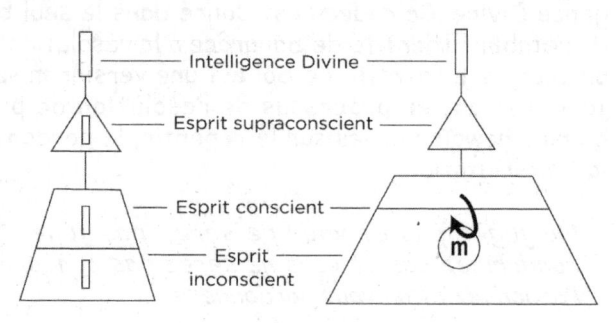

figure C.2

30 avril 2005
Je suis le consommateur de mes propres malheurs.

John CLAIRE, poète

Le vide est la terre commune, l'égalisateur de toutes les Identités de Soi, qu'elles soient animées ou non. Il s'agit de la fondation indestructible et illimitée de tout le cosmos visible ou invisible.

Nous détenons ces vérités pour nous permettre de voir en toute évidence que tous les hommes (toutes formes de vies) sont égaux...

Thomas JEFFERSON,
Déclaration d'indépendance des États-Unis

Les mémoires anciennes remplacent la terre commune de l'Identité de Soi, éloignant l'âme de l'esprit loin de sa position naturelle du vide et de l'infinité. Même si les mémoires remplacent le vide, elles ne peuvent le détruire. Comment, en effet, pourrait-on détruire rien ?

Une demeure divisée ne peut résister.

Abraham LINCOLN

5 mai 2005
Selon le procédé Identité de Soi Ho'oponopono, être à chaque instant dans l'Identité de Soi exige de pratiquer incessamment Ho'oponopono. Tout comme les mémoires, le perpétuel Ho'oponopono ne prend jamais de vacances. Le perpétuel Ho'oponopono ne peut jamais prendre de retraite. Le perpétuel Ho'oponopono ne doit jamais dormir. Le perpétuel Ho'oponopono ne peut jamais s'arrêter car...

... durant les jours de joie qui se déroulent, gardons à l'esprit le démon inconnu (les mémoires anciennes) qui marche derrière !

Geoffrey CHAUCER, *The Canterbury Tales*[1]

12 mai 2005
L'esprit conscient peut commencer le processus Ho'oponopono pour libérer les mémoires ou il peut les aborder par les blâmes ou par le rationnel (voir figure C.3).

---
1. Geoffrey CHAUCER, *The Canterbury Tales*, England, Penguin Classic, 2005, 1328 p.

**Identité de Soi Ho'oponopono
(Résolution de problèmes)
Le repentir et le pardon**

- Intelligence Divine
- (3)
- Esprit supraconscient
- (2)
- (1)
- Esprit conscient
- m
- Esprit inconscient

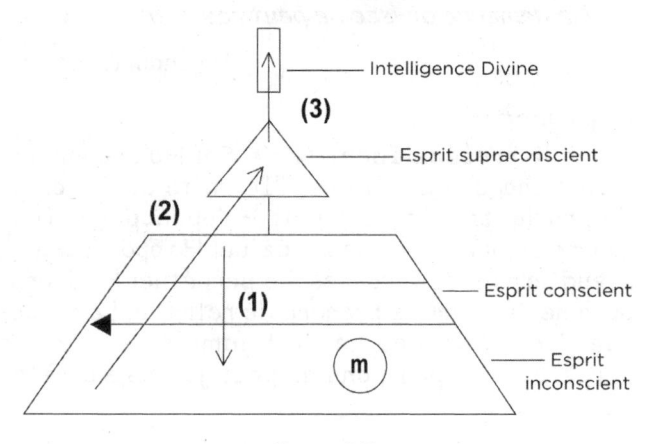

figure C.3

1. L'esprit conscient amorce le processus de résolution de problèmes en demandant à l'Intelligence Divine de transmuter les mémoires en un état de vide. Il reconnaît alors que le problème est une mémoire qui rejoue dans son subconscient et qu'il en est cent pour cent responsable. La demande descend alors dans l'esprit subconscient (voir figure C.4).
2. La descente du courant de la demande dans l'esprit subconscient provoque une légère agitation sur le plan des mémoires pour amorcer la transmutation. Ensuite, la demande remonte l'esprit subconscient vers l'esprit supraconscient.
3. L'esprit supraconscient révise la demande et il effectue les modifications appropriées. Étant constamment branché avec l'Intelligence Divine, il a la capacité de réviser les demandes et de leur

apporter des changements. Puis, la demande est finalement envoyée à l'Intelligence Divine pour la dernière révision et le traitement final.
4. Après avoir révisé la demande envoyée par l'esprit supraconscient, l'Intelligence Divine envoie de l'énergie de transmutation dans l'esprit supraconscient.
5. L'énergie afflue ensuite de l'esprit subconscient vers l'esprit conscient.
6. Puis, cette énergie de transmutation descend de l'esprit conscient vers l'esprit inconscient. En premier, l'énergie de transmutation neutralise les mémoires désignées. Les énergies neutralisées sont ensuite libérées du stockage, provoquant ainsi un vide.

12 juin 2005
Le rationnel et les blâmes sont des mémoires anciennes (voir figure C.2).

L'âme peut être inspirée par l'Intelligence Divine sans savoir ce qui se passe. Selon le processus Identité de Soi Ho'oponopono, la seule exigence pour être inspiré ou pour bénéficier de la Créativité Divine, consiste à être l'Identité de Soi. Être l'Identité de Soi requiert le perpétuel nettoyage des mémoires.

Les mémoires sont des compagnons constants de l'esprit subconscient. Elles ne laissent jamais l'esprit subconscient partir en vacances. Elles ne prennent jamais leur retraite de l'esprit subconscient. Les mémoires rejouent incessamment !

**Identité de Soi Ho'oponopono
(Résolutions de problèmes)
Transmutation par l'Intelligence Divine**

- Intelligence Divine
- (4)
- Esprit supraconscient
- (5)
- (6)
- Esprit conscient
- Esprit inconscient
- m ·····> n ·····> V

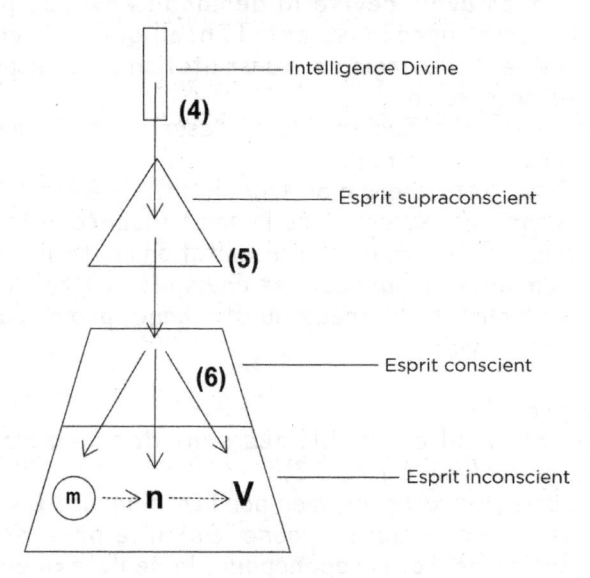

figure C.4

Le conte de l'homme de loi
*Ô douleur soudaine que même l'art
ne peut rapprocher
De la félicité de ce monde !
Saupoudrant ainsi l'amertume
Aux confins de la joie dans tout ce que
nous entreprenons sur Terre !
La douleur constitue le but auquel
nous nous attardons
Pour votre propre protection,
sachez qu'il en va ainsi*

> *Et que dans les jours de contentement*
> *présent à votre esprit*
> *Un démon inconnu se forge là, derrière !*
>
> Geoffrey CHAUCER, *The Canterbury Tales*

Pour en finir avec les mémoires, elles doivent être nettoyées et réduites à rien une fois pour toutes.

C'est en Iowa, en 1971, que je suis éperdument tombé amoureux pour la deuxième fois. Cette chère M, notre fille, venait de voir le jour.

En regardant ma femme prendre soin de M, je me sentais de plus en plus profondément en amour avec elles. J'avais maintenant deux merveilleuses personnes à aimer.

Cet été-là, après avoir terminé mon baccalauréat en Utah, ma femme et moi avions une décision à prendre : retourner à Hawaï ou poursuivre mon stage en Iowa.

Immédiatement, en commençant notre vie en Iowa, nous avons été confrontés à deux obstacles. Premièrement, depuis sa sortie de l'hôpital, M n'arrêtait pas de pleurer.

Deuxièmement, nous avons vécu le pire hiver qui se soit produit en Iowa au cours du siècle. Chaque matin, durant des semaines, je devais donner des coups de pied au bas de la porte avant de notre appartement et marteler du revers de la main le haut de la porte pour briser la glace qui l'ensevelissait de l'autre côté.

Lorsque M avait près d'un an, nous avons découvert des taches de sang sur ses couvertures. Je réalise seulement aujourd'hui en écrivant cette phrase que ses pleurs constants étaient sa manière de réagir à des problèmes sérieux de peau qui furent diagnostiqués bien après.

Durant plusieurs nuits, j'ai pleuré en regardant désespérément M dormir d'un sommeil agité au cours duquel elle se grattait. Les médicaments à base de stéroïde n'arrivaient pas à la soulager.

Vers l'âge de trois ans, du sang s'écoulait continuellement des crevasses qu'elle avait dans les plis des coudes et des genoux. Le sang se répandait aussi autour des jointures de ses doigts et de ses orteils. Un manteau épais de peau rigide recouvrait l'intérieur de ses bras et son cou.

Neuf ans plus tard, alors que nous étions retournés à Hawaï, je rentrais à la maison avec M et sa sœur. Soudain, sans le vouloir consciemment, j'ai fait demi-tour et je me suis dirigé vers mon bureau à Waikiki.

« Oh mes amis, il vous fallait venir me voir », nous a dit calmement Morrnah lorsqu'elle nous a vus tous les trois débarquer dans son bureau. En ramassant ses papiers sur le bureau, elle a regardé M et lui a dit tout doucement : « Veux-tu me demander quelque chose ? »

M a étendu ses bras, révélant des années de douleur et d'afflictions gravées de haut en bas sur eux comme sur des rouleaux de parchemin phéniciens. « D'accord », fut la réponse de Morrnah et elle a fermé les yeux.

Que pouvait bien faire Morrnah ? La créatrice du programme Identité de Soi Ho'oponopono était en train de pratiquer le programme Identité de Soi Ho'oponopono. Un an plus tard, les treize années de saignements, de frousses, de douleurs, d'afflictions et de prises de médicaments ont pris fin.

Un étudiant du programme Identité
de Soi Ho'oponopono.

30 juin 2005

Le but de la vie, c'est d'atteindre l'Identité de Soi de la manière dont le Divin, dans sa grande bonté, a créé l'Identité de Soi, le vide et l'infinité.

Toutes les expériences de la vie sont des expressions des mémoires qui rejouent ou des inspirations. La dépression, la rationalisation, les blâmes, la pauvreté, la haine, le ressentiment, les malheurs sont des soupirs déjà soupirés, comme Shakespeare l'a écrit dans l'un de ses sonnets.

L'esprit conscient possède un choix : il peut amorcer le nettoyage perpétuel ou il peut permettre aux mémoires de rejouer les problèmes incessamment.

12 décembre 2005

Puisque la conscience agit seule, elle ignore le plus précieux cadeau de l'Intelligence Divine : l'Identité de Soi. De ce fait, elle ignore également ce que peut être le problème. Cette ignorance résulte d'une résolution de problème inefficace. La pauvre âme est vouée à vivre pour le restant de ses jours des malheurs continuels et inutiles. Comme tout cela est triste.

L'esprit conscient a besoin d'être éveillé au cadeau d'Identité de Soi, de la richesse au-delà de la compréhension.

L'Identité de Soi est indestructible et éternelle, tout comme son créateur, l'Intelligence Divine. L'ignorance provoque une réalité faussée, insensée, d'une pauvreté inexorable, où règnent la maladie, la guerre et la mort, de génération en génération.

24 décembre 2005

La matière est l'expression des mémoires et des inspirations qui se manifestent sur le plan de l'âme dans l'Identité de Soi. Changez l'état de l'Identité de Soi et l'état du monde matériel va également changer.

Qui est responsable — l'inspiration ou les mémoires anciennes ? Le choix appartient à l'esprit conscient.

7 février 2006 (un saut en 2006)
Voici quatre processus de résolution de problèmes d'Identité de Soi Ho'oponopono qui peuvent être utilisés pour rétablir l'identité de soi afin de vider les mémoires qui rejouent les problèmes dans le subconscient.

1. **Je t'aime.** Quand l'âme expérimente une mémoire ancienne, il suffit de lui dire mentalement ou silencieusement : « Je t'aime, chère mémoire. Je te suis reconnaissant de cette possibilité d'entière libération pour toi et pour moi. » La phrase « Je t'aime » peut être répétée tranquillement encore et encore. Les mémoires ne prennent jamais de vacances ni de retraite tant que nous ne les retirons pas nous-mêmes. « Je t'aime » peut être utilisée même si vous n'êtes pas conscient des problèmes. Par exemple, cette phrase peut être dite avant d'entreprendre toute activité, comme recevoir ou faire des appels téléphoniques ou prendre la voiture pour se rendre quelque part.

  « Aimez vos ennemis,
  faites du bien à ceux qui vous haïssent ».
  Évangile selon saint Luc 6

2. **Merci.** Ce processus peut être utilisé avec la phrase « Je t'aime » ou en remplacement de cette dernière. Comme pour l'utilisation de « Je t'aime », ce processus-ci peut être répété mentalement, encore et encore.

3. **L'eau solaire bleue.** Boire de grandes quantités d'eau est une merveilleuse façon de résoudre les problèmes, particulièrement lorsqu'il s'agit de l'eau solaire. Procurez-vous un pichet bleu sans couvercle métallique. Mettez-y de l'eau du robinet. Exposez ce contenant à la lumière du soleil ou à une lumière incandescente (pas une lampe fluorescente) durant au moins une heure. Quand l'eau est solarisée, elle peut être utilisée de plusieurs façons. Buvez-la. Servez-vous-en dans la cuisine ou pour vous rincer après la douche ou le bain. Elle est excellente pour laver les fruits et les légumes. Tout comme avec les processus « Je t'aime » et « Merci », l'eau solaire bleue vide les mémoires qui rejouent dans l'esprit subconscient. Alors, buvez-en beaucoup !
4. **Les fraises et les bleuets.** Ces fruits vident les mémoires. Ils peuvent être mangés frais ou séchés. Ils peuvent aussi être consommés sous forme de confiture, de gelée et même de sirop sur la crème glacée.

27 décembre 2005 (un retour en 2005)

Il y a quelques mois, j'ai eu l'idée d'un glossaire verbal pour les « personnages » essentiels dans l'Identité de Soi Ho'oponopono. Vous pouvez donc en prendre connaissance à votre rythme.

Identité de Soi : Je suis l'Identité de Soi. Je suis composée de quatre éléments : l'Intelligence Divine, l'esprit supraconscient, l'esprit conscient et l'esprit inconscient. Comme une réplique exacte de l'Intelligence Divine, mes fondements sont le vide et l'infinité.

Intelligence Divine : Je suis l'Intelligence Divine. Je suis l'infinité. Je crée l'Identité de Soi et l'Inspiration. Je transmute les mémoires vers le vide.

Esprit supraconscient : Je suis l'esprit supraconscient. Je surveille l'esprit conscient et l'esprit subconscient. Je révise les demandes adressées à l'Intelligence Divine qui ont été amorcées par l'esprit conscient et j'y apporte les changements appropriés. Je ne suis pas dérangé par les mémoires qui rejouent dans l'esprit subconscient. Je suis toujours en unité avec le Créateur Divin.

Esprit conscient : Je suis l'esprit conscient. J'ai reçu le cadeau de pouvoir choisir. Je peux permettre aux mémoires incessantes de diriger l'expérience qui va se dérouler dans l'esprit subconscient ou je peux amorcer leur libération en pratiquant constamment Ho'oponopono. Je peux demander une direction auprès de l'Intelligence Divine.

Esprit subconscient : Je suis l'esprit subconscient. Je suis le lieu d'entreposage de toutes les mémoires accumulées depuis le début de la création. Je suis l'endroit où se vivent les expériences telles que les mémoires anciennes ou l'inspiration. Je suis le lieu où les problèmes découlant des mémoires résident.

Vide : Je suis le vide. Je suis le fondement de l'Identification de Soi et du Cosmos. Je suis là où l'inspiration jaillit de l'Intelligence Divine, de l'infinité. Écartant le courant d'inspiration provenant de l'Intelligence Divine, les mémoires qui rejouent dans l'esprit subconscient me supplantent, mais elles ne me détruisent pas.

Infinité : Je suis l'infinité. Telle une rose délicate, l'inspiration émerge de moi dans le vide de l'Identité de Soi et elle est aisément mise de côté par les épines des mémoires.

Inspiration : Je suis l'inspiration. Je suis la création de l'infinité, de l'Intelligence Divine. C'est à partir du vide que je me manifeste dans l'esprit subconscient. Je suis vécue comme une toute nouvelle expérience.

Mémoire : Je suis la mémoire. Je suis l'enregistrement des expériences passées dans l'esprit subconscient. Quand je suis déclenchée, je rejoue les expériences passées.

Problème : Je suis un problème. Je suis une mémoire qui rejoue encore une fois une expérience passée dans l'esprit subconscient.

Expérience : Je suis l'expérience. Je suis l'effet d'une mémoire qui rejoue ou d'une inspiration dans l'esprit subconscient.

Système d'opération : Je suis le système d'opération. J'exécute l'Identité de Soi avec le vide, l'Inspiration et la mémoire.

Ho'oponopono : Je suis Ho'oponopono. Je suis la mise à jour actuelle d'un ancien processus de résolution de problèmes utilisé par Morrnah Nalamaku Simeona, Kahuna Lapa'au, reconnue en 1983 comme le trésor vivant d'Hawaï. Je suis composé de trois éléments : le repentir, le pardon et la transmutation. Je suis une demande adressée par l'esprit conscient à l'Intelligence Divine pour vider les mémoires et rétablir l'Identité de Soi. Je prends naissance dans l'esprit conscient.

Repentir : Je suis le repentir. Je suis le début du processus Ho'oponopono amorcé par l'esprit conscient en tant que demande adressée à l'Intelligence Divine afin de transmuter les mémoires vers le vide. Avec moi, l'esprit conscient reconnaît sa responsabilité au sujet des mémoires qui rejouent dans son esprit subconscient, les ayant créées, acceptées et accumulées à cet endroit.

Pardon : Je suis le pardon. Avec le repentir, je suis une demande de l'esprit conscient adressée au Créateur Divin afin de transformer les mémoires stockées dans l'esprit subconscient jusqu'à l'état de vide. Non seulement l'esprit conscient est désolé, il demande aussi à l'Intelligence Divine de lui pardonner.

Transmutation : Je suis la transmutation. L'Intelligence Divine m'utilise pour neutraliser et libérer les mémoires jusqu'à l'état de vide dans l'esprit subconscient. Il n'y a que l'Intelligence Divine qui peut m'utiliser.

Richesse : Je suis la richesse. Je suis l'Identité de Soi.

Pauvreté : Je suis la pauvreté. Je suis une mémoire substitut. Dans le subconscient, je supplante l'Identité de Soi, écartant l'infusion d'inspiration provenant de l'Intelligence Divine.

Avant de clore cette visite avec vous, j'aimerais vous mentionner que la lecture de cet appendice répond au préalable exigé avant les conférences du vendredi si vous envisagez de suivre une fin de semaine de formation Identité de Soi Ho'oponopono.

Je vous souhaite la paix au-delà de toute compréhension.

O ka Maluhia no me oe.

Que la paix soit avec vous,

Ihaleakala Hew Len Ph. D.
Président Émérite
Foundation of I. – Freedom of the Cosmos..

Au sujet des auteurs

Joe Vitale est le président de Hypnotic Marketing inc., une entreprise de marketing Internet et il est cofondateur de Frontiers Nutritional Research, une compagnie spécialisée dans la vente de produits éprouvés anti-âge. Il est l'une des vedettes du film à succès *Le Secret*.

Il est l'auteur d'une trop grande liste de livres pouvant être énumérés ici, dont entre autres : le numéro un des livres à succès, *Le Facteur d'attraction : Cinq étapes faciles pour attirer la richesse ou combler tous vos désirs*, *Life's Missing Instruction Manual : The Guidebook You Should Have Been Given at Birth* et le programme audio *The Power of Outrageous Marketing*, parmi les livres à succès chez Nightingale Conant.

Parmi ces plus récents livres, il y a *Buying trances : A New Psychology of Sales and Marketing*, *Hypnotic Writing*, *There's a Customer Born Every Minute*, *Meet and Grow Rich* (avec Bill Hibbler), *The Greatest Money-Making Secret in History*, *Adventures Within*, *The Seven Lost Secrets of Success*, *The Successful Coach* (avec Terri Levine et Larina Kase) et *The E-Code* (avec Jo Han Mok). Ses prochains livres seront : *Your Internet Cash Machine* (avec Jillian Coleman) et *La clé : Le secret manquant pour attirer tout ce que vous désirez*.

Vous pouvez vous inscrire pour recevoir gratuitement le bulletin d'information mensuel « News You Can Use » du Dr Vitale sur ce site Internet : www.mrfire.com.

Le **Dr Ihaleakala Hew Len** est impliqué dans des programmes de résolution de problèmes et de libération du stress depuis quatre décennies. Il a passé trois ans à titre de psychologue consultant à l'hôpital de l'État d'Hawaï. Avec les années, il a rencontré des milliers de personnes incluant des groupes des Nations unies, de l'UNESCO (l'Organisation des Nations unies pour l'éducation, la science, la culture et l'organisation), de l'unité internationale de l'Homme de la conférence pour la paix dans le monde ; de la conférence de la paix dans le monde ; de la conférence de la médecine traditionnelle indienne ; les guérisseurs de la paix en Europe ; l'Association des enseignants de l'État d'Hawaï.

Depuis 1983, il enseigne la mise à jour du système Ho'oponopono partout dans le monde. Avec Kahuna Lapa'au, Morrnah Nalamaku Simeona, ils ont présenté le système trois fois aux Nations unies, lequel fut désigné en 1983 comme le trésor vivant d'Hawaï pour la création de la mise à jour Ho'oponopono. De 1984 à 1987, le Dr Hew Len a appliqué le fructueux système dans ses fonctions de psychologue alors qu'il était à l'emploi du département à sécurité maximale d'un asile d'Hawaï.

Il bénéficie d'une expérience considérable avec les personnes souffrant de retard de croissance, avec les malades mentaux criminels et leurs familles. Aujourd'hui, il voyage pour donner souvent, avec le Dr Joe Vitale, des ateliers sur cette méthode hawaïenne qu'il adore.

Voici ses sites Internet : http://hooponopono.org et www.businessbyyou.com.

Comment expérimenter Zéro limite dès maintenant ?

Offre gratuite aux lecteurs

Le Dr Ihaleakala Hew Len et le Dr Joe Vitale ont créé un site Internet qui permet de vous nettoyer simplement en le visionnant. Tout ce que vous avez à faire est de vous asseoir devant votre ordinateur, d'aller sur le site et de permettre au nettoyage de s'effectuer. Le site est www.zerolimits.info.

Si vous êtes intéressé à télécharger un cours de Zéro limite, lequel est un enregistrement audio d'un enseignement effectué par les auteurs, ou à vivre l'expérience Zéro Limite avec le Dr Hew Len et le Dr Joe Vitale en suivant un des séminaires actuellement offerts, consultez simplement www.zerolimits.info.

Pour recevoir gratuitement les bulletins d'information spéciaux concernant la manière d'appliquer le programme Identité de Soi Ho'oponopono permettant de libérer les blocages relatifs à la santé, à la richesse et à la joie, envoyez simplement un courriel vide à l'adresse suivante : zero@aweber.com.

BIBLIOGRAPHIE

BAINBRIDGE, John. *Huna Magic*, Los Angeles, Barnhart Press, 1988.

BAINBRIDGE, John. *Huna Magic Plus*, Los Angeles, Barnhart Press, 1989.

BALSEKAR, Ramesh S. *Tout est conscience*, Redondo Beach, CA, Advaita Press, 1993.

BERNEY, Charlotte. *Fundamentals of Hawaiian Mysticism*, Santa Cruz, CA, The Crossing Press, 2000.

BESANT, Annie. *Les formes-pensées*, Paris, Adyar, 1987.

BLACKMORE, Susan. *Consciousness: An Introduction*, New York, Oxford University Press, 2004.

BRENNERT, Alan. *Moloka'i*, New York, St. Martin's Griffin reprint edition, 2004.

BRISTOL, Claude. *La magie de croire*, Beloeil, Monde Différent, 1979, 254 p.

CANFIELD, Jack, et autres. *Chicken Soup from the Soul of Hawaii: Stories of Aloha to Create Paradise Wherever You Are*, Deerfield Beach, FL, Health Communications, 2003.

CARLSON, Ken. *Star Mana*, Kilauea, HI, Starmen Press, 1997.

CHAUCER, Geoffrey. *The Canterbury Tales*, England, Penguin Classics, 2005, 1328 p.

CLAXTON, Guy. *Hare Brain, Tortoise Mind: How Intelligence Increases When You Think Less*, New York, Harper Collins, 1997.

CLAXTON, Guy. *The Wayward Mind: An Intimate History of the Unconscious*, London, Abacus, 2005.

DOSSEY, Larry. *Ces mots qui guérissent : le pouvoir de la prière en complément de la médecine*, Paris, Jean-Claude Lattès, 1995, 342 p.

ELBERT, Samuel H. *Spoken Hawaiian*, Honolulu, University of Hawaii Press, 1970.

EWING, Jim Pathfinder. *Clearing: A Guide to Liberating Energies Trapped in Buildings and Lands*, Findhorn, Scotland, Findhorn Press, 2006.

FORD, Debbie. *La part d'ombre du chercheur de lumière : recouvrez votre pouvoir, votre créativité, votre éclat et vos rêves*, Montréal, Du Roseau, 2003, 220 p.

Foundation of I. *Self I-Dentity through Ho'oponopono*, Honolulu, HI, Foundation of I, 1992.

FREKE, Timothy. *Shamanic Wisdomkeepers: Shamanism in the Modern World*, New York, Sterling, 1999.

GLANZ, Karen, Barbara K. Rimer et Frances Marcus Lewis. *Health Behavior and Health Education: Theory, Research, and Practice*, 3e édition, San Francisco, Jossey-Bass, 2002.

HAISCH, Bernard. *The God Theory*, San Francisco, Weiser Books, 2006.

HARTONG, Leo. *S'éveiller au rêve : Le présent d'une vie lucide*, Paris, France, Accarias, 2005, 160 p.

HORN, Mary Phyllis. *Soul Integration: A Shamanic Path to Freedom and Wholeness*, Pittsboro, NC, Living Light Publishers, 2000.

HUSFELT, J.C., D.D. *The Return of the Feathered Serpent Shining Light of "First Knowledge": Survival and Renewal at the End of an Age, 2006-2012*, Bloomington, IN, AuthorHouse, 2006.

IRVINE, William. *On Desire: Why We Want What We Want*, New York, Oxford University Press, 2006.

ITO, Karen Lee. *Lady Friends: Hawaiian Ways and the Ties That Define*, Ithaca, NY, Cornell University Press, 1999.

KAEHR, Shelley, et Raymond Moody. *Origins of Huna: Secret Behind the Secret Science,* Dallas, TX, Out of This World Publishing, 2006.

KATIE, Byron. *All War Belongs on Paper*, Manhattan Beach, CA, Byron Katie, 2000.

KATIE, Byron. *Aimer ce qui est : Vers la fin de la souffrance*, Montréal, Ariane, 2003, 303 p.

KATZ, Mabel. *The Easiest Way*, Woodland Hills, CA, Your Business Press, 2004.

KING, Serge Kahili. *Instant Healing: Mastering the Way of the Hawaiian Shaman Using Words, Images, Touch, and Energy*, n.p. Renaissance Books, 2000.

KUPIHEA, Moke. *The Cry of the Huna: The Ancestral Voices of Hawaii*, Rochester, VT, Inner Traditions, 2005.

KUPIHEA, Moke. *The Seven Dawns of the Aumakua: The Ancestral Spirit Tradition of Hawaii*, Rochester, VT, Inner Traditions, 2001.

LIBET, Benjamin. *Mind Time: The Temporal Factor in Consciousness*, Cambridge, MA, Harvard University Press, 2004.

LIBET, Benjamin, et autres. *The Volitional Brain: Towards a Neuroscience of Free Will*, Exeter, UK, Imprint Academic, 2004.

LONG, Max Freedom. *The Secret Science Behind Miracles: Unveiling the Huna Tradition of the Ancient Polynesians*, Camarillo, CA, DeVorss, 1948.

MACDONALD, Arlyn. *Essential Huna: Discovering and Integrating Your Three Selves*, Montrose, CO, Infinity Publishing, 2003.

MACDONALD, Arlyn. *Nurturing Our Inner Selves: A Huna Approach to Wellness*, Montrose, CO, Infinity Publishing, 2000.

McCALL, Elizabeth. *The Tao of Horses: Exploring How Horses Guide Us on Our Spiritual Path*, Avon, MA, Adams, 2004.

NEVILLE, Goddard. *At Your Command*, Reprint edition, Garden City, NY, MorganJames Publishing, 2005.

NEVILLE, Goddard. *The Law and the Promise*, Camarillo, CA DeVorss, 1984.

NOE, Alva. *Is the Visual World a Grand Illusion?* Charlottesville, VA, Imprint Academic, 2002.

NOLAND, Brother. *The Lessons of Aloha: Stories of the Human Spirit*, Honolulu, HI, Watermark Publishing, 2005.

NORRETRANDERS, Tor. *The User Illusion: Cutting Consciousness Down to Size*, New York, Penguin, 1998.

PATTERSON, Rosemary I. *Kuhina Nui*, n.p. Pine Island Press, 1998.

PERKINS, David N. *King Arthur's Round Table: How Collaborative Conversations Create Smart Organizations*, New York, John Wiley & Sons, 2002.

POLANCY, Toni. *So You Want to Live in Hawaii*, Maui, HI, Barefoot Publishing, 2005.

PROVENZANO, Renata. *A Little Book of Aloha: Spirit of Healing*, Honolulu, HI, Mutual Publishing, 2003.

RAY, Sondra. *Pele's Wish: Secrets of the Hawaiian Masters and Eternal Life*, San Francisco, Inner Ocean Publishing, 2005.

REDFIELD, James. *La prophétie des Andes*. New York, Robert Laffont, 1993.

RIKLAN, David. *101 Great Ways to Improve Your Life*, Marlboro, NJ, Self-Improvement Online, 2006.

RODMAN, Julius Scammon. *The Kahuna Sorcerers of Hawaï*, Hicksville, NY, Exposition Press, 1979.

ROSENBLATT, Paul C. *Metaphors of Family Systems Theory*, New York, Guilford Press, 1994.

RULE, Curby Hoikeamaka. *Creating Anahola: Huna Perspectives on a Sacred Landscape*, Coral Springs, FL, Llumina Press, 2005.

SAUNDERS, Cat. *Dr. Cat's Helping Handbook: A Compassionate Guide for Being Human*, Seattle, WA, Heartwings Foundation, 2000.

SCHWARTZ, Jeffrey. *The Mind and the Brain: Neuroplasticity and the Power of Mental Force*, New York, ReganBooks, 2002.

SEIFE, Charles. *Zéro : La biographie d'une idée dangereuse*, Paris, Hachette, 2004.

SHAKESPEARE, William. Tome X, La Société, Paris, Pagnerre, 1872

SHOOK, Victoria. *Current Use of a Hawaiian Problem-Solving Process – Ho'oponopono*, Sub-Regional Child Welfare Training Center, School of Social Work, University of Hawaï, Honolulu, 1981.

SHOOK, Victoria. *Ho'oponopono: Contemporary Uses of a Hawaiian Problem-Solving Process*, Honolulu, University of Hawaï Press, 1986.

SIMEONA, Morrnah N., et autres. *I Am a Winner*, Los Angeles, David Rejl, 1984.

STEIGER, Brad. *Kahuna Magic*, Atglen, PA, Whitford Press, 1971.

VITALE, Joe. *Adventures Within*, Bloomington, IN, AuthorHouse, 2003.

VITALE, Joe. *The AMA Complete Guide to Small Business Advertising*, LincolnWood, IL, NTC Business Books, 1995.

VITALE, Joe. *Le Facteur d'attraction : Cinq étapes faciles pour attirer la richesse ou combler tous vos désirs*, Brossard, QC, Monde Différent, 2005.

VITALE, Joe. *Buying Trances: A New Psychology of Sales and Marketing*, Hoboken, NJ, John Wiley & Sons, 2007.

VITALE, Joe. *Hypnotic Writing*, Hoboken, NJ, John Wiley & Sons, 2006.

VITALE, Joe. *Life's Missing Instruction Manual: The Guidebook You Should Have Been Given at Birth*, Hoboken, NJ, John Wiley & Sons, 2006.

VITALE, Joe. *The Seven Lost Secrets of Success*, Garden City, NY, MorganJames Publishing, 2005.

VITALE, Joe. *There's a Customer Born Every Minute: P.T. Barnum's 10 Rings of Power for creating Fame, Fortune, and Building an Empire*, Hoboken, NJ, John Wiley & Sons, 2006.

VITALE, Joe. *Turbocharge Your Writing*, Houston, TX, Awareness Publications, 1992.

VITALE, Joe. *Zen and the Art of Writing*, Costa Mesa, CA, Westcliff, 1984.

VITALE, Joe, et Bill Hibbler. *Meet and Grow Rich*, Hoboken, NJ, John Wiley & Sons, 2006.

VITALE, Joe, et Jo Han Mok. *The E-Code*. Hoboken, NJ, John Wiley & Sons, 2005.

WAGNER, David. *The Illusion of Conscious Will*, Cambridge, MA, MIT Press, 2002.

WILSON, Timothy. *Strangers to Ourselves: Discovering the Adaptive Unconscious*, London, Belknap Press, 2002.

Ressources en ligne

www.attractanewcar.com
www.attractorfactor.com
www.BeyondManifestation.com
www.businessbyyou.com
www.cardiosecret.com
www.fitarita.com
www.Healingpainting.com
www.hooponopono.org
www.JoeVitale.com
www.milagroresearchinstitute.com/iloveyou.htm
www.MiraclesCoaching.com
www.mrfire.com
www.SubliminalManifestation.com
www.thesecretofmoney.com
www.thesecret.tv
www.ZeroLimits.info

10382

Composition
NORD COMPO

*Achevé d'imprimer en Espagne (Barcelone)
par* BLACK PRINT CPI
le 15 avril 2014.

Dépôt légal mai 2013.
EAN 9782290071991
OTP L21EPBN000307B003

ÉDITIONS J'AI LU
87, quai Panhard-et-Levassor, 75013 Paris

Diffusion France et étranger : Flammarion